영어와
LA에서 사는
이야기들

베스트 영어
훈련원

영어와
LA에서 사는
이야기들

최성규
지음

생활 영어, 어떻게 공부해야 하나.

살며 나누고 싶은 이야기들

바른북스

추천사

최성규 선생은 30년이 넘는 세월 동안 미국에서 영어 훈련원을 통해 성인들에게 말하기를 가르쳐 온 분이다.

더 좋은 세상을 꿈꾸며 사람들과 소통하기 위해 틈틈이 신문 칼럼을 쓰고 있는 분. 최근 문학적 글쓰기에 관심을 가지고 시와 수필을 공부하며 끊임없이 무언가를 향해 도전하는, 젊은이 못지않은 열정을 가진 분이기도 하다.

이 책은 그동안 신문에 발표된 칼럼 중 일부를 선정하여 엮어 놓은 것이다. 1부는 영어 수업 과정에서 알게 된 사실을 여러 사람과 나누기 위한 내용이다. "영어가 꼭 필요한 사람", "영어 말문이 트인 어떤 목사님", "내 나이가 어때서 하지만 말고" 등의 소제목에서 알 수 있듯이 영어 때문에 고민하고 힘들어하는 많은 분들에게 도움이 되리라 믿는다. 2부 〈살며 나누고 싶은 이야기들〉은 제목 그대로 선생이 세상과 나누고 싶은 여러 가지 이야기들로 구성되어 있다. 이민 생활에서 느낀 점은 물론 한반도의 평화와 통일에 이르기까지 다양한 얘기를 들려준다. 3부 〈길 위에서 배우며〉는 여행기이다. 존 스타인벡 기념관, 멕시코 엔세나, 피닉스 등 여행지에서 보고 듣고 느낀 개성적인 이야기들을 담백하게 펼쳐놓았다.

  글은 사람이다. 조용한 목소리로 자분자분 풀어내는 그의 글을 읽다 보면 나도 모르게 고개를 끄덕이게 된다. 꾸밈없는 소박한 이야기들이 당신의 가슴을 가만가만 적셔주리라 믿는다.

정찬열/시인

프롤로그

생활 영어 이렇게 해야 한다.

　오랫동안 LA에서 성인들에게 베스트 영어 훈련원을 통해 영어 말하기를 가르쳐 오면서 알게 된 사실을 여러 사람들과 나누기 위해 이 책을 만든다.
　책을 만든다고 쓴 것은 이 글들이《중앙일보》미주판 오피니언란에 발표된 칼럼이기 때문이다.
　뉴욕에서 아리스토아카데미라는 SAT 학원을 운영하면서 뉴욕《중앙일보》에 근무하던 이종호 님과 인연을 맺었다.
　그가 LA《중앙일보》논설 실장으로 근무하게 되고, 내가 LA에서 생활 영어를 가르치게 되자,《중앙일보》에 칼럼을 쓰도록 권했다.
　어떻게 공부해야 성인들이 영어를 말할 수 있는지, 왜 우리가 누구보다도 영어 공부를 많이 하고, 또 미국에 와서 오래 살면서도 말이 안 되는지를 많은 사람들에게 알려주고 싶은 나의 뜻과 맞아서 글을 쓰기 시작했다.
　지금은 애틀랜타《중앙일보》사장으로 있는 그에게 감사한다.
　글은 평생을 통해 써왔다.

고등학교 때 교회에서 타블로이드판으로 신문을 만들면서부터였다.

뉴욕에서는 《한국일보》 등, 50여 년의 외국 생활 중 항상 거주하고 있는 곳의 동포 신문에 글을 게재할 수 있었다.

영어든 무엇이든 항상 사람들에게, 사람 사는 이야기 등 전하고 싶은 것이 있었기 때문이었다.

서문에서는 영어에 대한 이야기만 하려고 한다.

다른 이야기는 내 글 속에서 하고 있으니까.

다만 칼럼이라는 제한된 지면 때문에 하고 싶은 이야기를 다 하지 못한 아쉬움은 있다.

사람들은 미국 사람들과 같이 생활하면 영어를 잘할 것이라고 생각한다. 절대 아니다.

평생을 미국인과 부부로 같이 산 분, 미국 반도체 회사, 우체국, 병원 등 여러 미국 직장에서 근무한 분들이 은퇴한 후 생활 영어를 공부하러 온 경우를 보면 알 수 있다.

영어를 습득하는 경우는 세 가지 유형으로 말할 수 있다.

첫째. 임계연령 12세 전에는 학교에 가서 듣는 대로 따라 말할 수 있다. 외국어를 공부하는 데 가장 효과적이다.

이런 아이들을 보고 성인들도 같을 것이라고 생각하면 절대 안 된다. 둘째. 30여 세까지가 두 번째로 효과적이다.

이때는 영어를 공부해야 하는 목표가 분명하고, 구체적이어서 꼭 공부해야 하기 때문에, 더 많은 시간을 영어에 투자할 수 있기 때문이다.

그 후에는 직업상 꼭 필요하고, 의지가 아주 강한 분 외에는 영어를 사용하는 환경에 있다 해도 꼭 필요한 말 외에 전반적인 영어 습득은 어렵다.

영어를 이해하고 말할 수 있는 문장을 먼저 머리에 입력하는 과정을 거쳐야 하는데, 그렇게 하지 않고 공부만 했기 때문이다.

이런 과정은 반복 연습만이 가능하고, 그 후에는 미국인과의 대화가 도움이 된다.

이 과정이 중요한 것은 영어를 처음 말할 때는 머리에 기억되지 않은 문장은 말할 수도, 들을 수도 없기 때문이다.

교재는 어떤 책이라도 가능하지만 효과적으로 하기 위해서는 문장구조, 상황이 설정된 대화체에 반복 연습 할 수 있게 되어 있으면 가장 좋다.

우리가 사용한 교재는 영국 케임브리지 대학에서 출간한 《Interchange student Book 1~3》 3권이었다.

이 3권은 세 가지가 다 충족될 수 있게 되어 있어서 가장 효과적인 책이다.

교재의 선택보다도 더 중요한 것은 중도에 포기하지 않는 마음이다. 가장 효과적인 것은 짧은 기간에 전력투구하는 것이지만 대부분은 그렇게 하지 못하고 길고 지루한 싸움을 하게 된다.

절대 포기하지 않는 결단이 필요한 이유다.

누구나 영어를 말할 수 있다는 자신감과 포기하지 않도록 용기를 주기 위해 영어를 공부하는 방법에 대한 글을 계속 써왔다.

칼럼에 나오는 예는 모두 사실이다.

내가 접한 사례도 너무 많아서 다 쓰지 못했는데 만들어서 쓸 필요가 없다.

다른 사람이 했다면 나도 할 수 있다고 생각하면 된다.

또 영어 습득을 어렵게 하는 것은 어느 정도 말할 때까지는 같은 책으로 반복해야 한다는 것이다.

쉬운 일이 아니다. 한국인의 특질과도 맞지 않는다.

새로운 것을 찾아 도전하는 정신이 강한 우리가 영어 공부도 새로운 교재로 자꾸 바꾸다 보면 영어 실력은 늘지만 말은 못 하게 된다.

하버드 대학을 졸업한 젊은이가 대학에 가기 전에 같은 애니메이션 영화를 수천 번 보았다고 방송에서 이야기하는 것을 들었다. 다른 방법은 절대 없다.

미국에 40~50년 살아도 영어가 불편해서, 사업으로 바쁠 때는 몰랐는데, 나이 들어 병원에 누워 있는 자신을 상상하면 막막해진다.

다른 나라처럼 변해서 다시 적응해야 하는 한국으로 역이민하는 여러 이유 중에 언어의 불편도 포함된다면 서글픈 일이다. 우리처럼 머리가 뛰어난 사람들이 공부하는 방법만 바꾸면 누구나 가능한데. 그래서 이 책을 만든다. 영어 부분 마지막 칼럼 2개는 이 교육 방법의 신뢰도를 높이기 위해 훈련원에서 공부한 학생의 후기를 첨부했다.

그는 한국의 젊은 기자였다. 한국식 영어 실력이 최상위라고 자부하고 있었는데 막상 미국에 와보니 말이 전혀 통하지 않았다.

그의 실력에, 학원에 가서 영어 공부를 더 할 필요는 없었다. 영어 훈련원이라는 우리 광고를 보고 찾아와 두 기를 공부하고 아르바이트로 일하던 지역《타운뉴스》에 실은 글이다. 그도 자신의 경험을 다른 사람들에게 알려주고 싶었을 것이다. 사실 그의 문법 실력은 모두 아이비리그 대학을 졸업한 우리 세 자녀보다도 더 좋고 깊었다.

영어 외의 글들은 내 생각을 좀 더 나은 세상을 꿈꾸는 사람들과 나누고 싶어서였다. 끝으로 책을 편집해 준 조카인 시인 장순혁 군에게 감사한다.

차례

◆ 추천사
◆ 프롤로그

1부 생활 영어, 어떻게 공부해야 하나

◆ 영어, 쉽게 배울 수 있다는 믿음 ································ 018
◆ 다시 계획을 세울 준비를 하자 ································· 020
◆ 끈기를 이기는 것은 없다 ·· 023
◆ 영어 공부, 좋아질 수 있다 ······································ 026
◆ 무엇이 더 지력을 향상시킬까? ································ 029
◆ 영어가 좋아진다면 ··· 032
◆ 현명하게 선택해야 한다 ··· 035
◆ 독서가 주는 것들 ·· 038
◆ 평생 공부하는 사람들 ··· 041
◆ 뇌 건강 지키는 영어 공부 ······································ 044
◆ 은근과 끈기의 민족성 ··· 047
◆ 배움에는 끝이 없다 ·· 050
◆ 배움과 함께하는 시니어 라이프 ································ 053
◆ 노력하는 사람들 ·· 056

- 당신이 영어를 못하는 진짜 이유 ………………………………… 059
- 핀란드 영어 교육이 시사하는 것들 …………………………… 062
- 미국식 교육, 불안해하지 말자 …………………………………… 065
- 생활 영어 공부의 왕도 …………………………………………… 068
- 영어책 한 권이라도 외워보았습니까? ………………………… 071
- 반복 학습에 대한 이야기들 ……………………………………… 074
- 넘치는 교육열이 문제다 …………………………………………… 077
- 생활 영어 코드 익히면 더 쉽다 ………………………………… 080
- 영어, 반복 연습만 한 스승 없다 ………………………………… 083
- 영어가 꼭 필요한 사람 …………………………………………… 086
- 영어 말문이 트인 어떤 목사님 …………………………………… 089
- 내 나이가 어때서 하지만 말고 …………………………………… 092
- 95세에 영어 공부를 시작한 박사님 …………………………… 095
- 엄마는 영어도 못하면서 어떻게 살았어요? ………………… 097
- 아이비리그 아버지의 대학준비 조언 …………………………… 100
- 기자 직접 체험 효과 검증 – '기적의 영어 회화 베스트 영어 훈련원' …… 102
- '기적의 영어 회화' 베스트 영어 훈련원
  – 된다. 된다. 드디어 영어가 된다 …………………………… 105

2부 살며 나누고 싶은 이야기들

- 의미 있는 삶을 찾으세요 ………………………………………… 110
- 꿈꾸어 보는 평화로운 세상 ……………………………………… 113
- 소식이 수명을 연장한다 …………………………………………… 116
- 겸손이 더 요구되는 사회 ………………………………………… 119
- 작지만 의미 있는 행사 …………………………………………… 122

- ◆ LA 여름밤을 수놓은 피아노 선율 ·· 126
- ◆ 좋은 세상을 향한 꿈 ··· 130
- ◆ 베스트셀러 책 《80세의 벽》 ·· 133
- ◆ 투표, 모두가 참여해야 ··· 136
- ◆ 자유가 생명에 우선할 수 있나? ··· 139
- ◆ 한계에 도전하는 용기 ·· 142
- ◆ '솔턴 호수'의 교훈 ··· 145
- ◆ 진정한 행복의 조건 ·· 148
- ◆ '어린 왕자'가 떠나간 세상 ·· 151
- ◆ '노년 외로움'의 남녀 차이 ·· 154
- ◆ 한 해를 돌아보는 숲속 산책 ··· 157
- ◆ 아직 끝나지 않은 코로나 터널 ··· 160
- ◆ 대구로 달려가는 사람들 ·· 163
- ◆ 위기를 기회로 바꾸는 사람들 ··· 166
- ◆ 글과 말이 주는 위로 ·· 169
- ◆ 슬기로운 코로나 격리 생활 ··· 172
- ◆ 우리는 왜 불행한가? ·· 175
- ◆ 《분노의 포도》를 다시 읽는 이유 ··· 178
- ◆ 고맙고 감사하다 ··· 181
- ◆ 칼 카처의 아메리칸드림 ·· 184
- ◆ 정신 바짝 차려야 한다 ··· 187
- ◆ 투표소에 비친 미국의 모습 ··· 190
- ◆ 더 풍요롭게 살려면 ·· 193
- ◆ 나이 들면 연민의 정이다 ··· 196
- ◆ 어제의 적이 오늘의 친구로 ··· 199
- ◆ 컴패션 후원국으로 발전한 한국 ··· 202
- ◆ 웃지 않는 한국인 ·· 205
- ◆ 재외동포를 보는 편협한 시각 ··· 208
- ◆ 어떤 인연에 대하여 ·· 211
- ◆ 인생 말년에 가장 후회하는 것 ·· 214

- 젊은이들의 출산 기피, 왜? ………………………………………… 217
- 유튜브 정보 가려서 섭취해야 ………………………………………… 220
- 결단할 때 읽는 책, 예수라면 ………………………………………… 223
- 아버지가 수필 전집을 사 오셨다 ……………………………………… 226
- 이 가을 고향 유감 …………………………………………………… 229
- 바람직한 사회가 되려면 ……………………………………………… 232
- 우리 가곡이 주는 감동 ……………………………………………… 235
- 인생만사 새옹지마인 것을 …………………………………………… 238
- 부모 생각이 항상 옳은 것은 아니다 …………………………………… 241
- 수박 열 덩어리를 사신 어머니의 마음 ………………………………… 243
- 500명 교인이 1년 새 1,500명이 된 교회 ……………………………… 246
- 새벽기도보다 중요한 신앙인의 자세 …………………………………… 248
- 혼돈의 시절에 새로운 희망 찾기 ……………………………………… 250
- 졸혼하는 부부, 해로하는 부부 ………………………………………… 253
- 가을 숲속에서 듣는 마음의 소리 ……………………………………… 255
- 80세에 피아노를 배우기 시작한 사람 ………………………………… 257
- 곤경에 빠진 사람들을 돕는 사람들 …………………………………… 259
- 독서 이야기들 ………………………………………………………… 261
- 자녀 독서교육, 잘하고 있습니까? …………………………………… 266
- 대학을 졸업하는 젊은이들에게 ………………………………………… 269
- '사람 이야기'가 즐거운 사람들 ………………………………………… 272
- 사회를 밝게 하는 봉사단체들 ………………………………………… 274
- '사람 사는 도리'를 가르치자 ………………………………………… 276
- 책 읽는 사람이 세상을 바꾼다 ………………………………………… 278
- 북한에 부는 변화의 바람 ……………………………………………… 280
- 제2의 인생을 펼치는 사람들 ………………………………………… 282

3부   길 위에서 배우며

- ◆ 매머드 레이크를 다녀와서 …………………………………… 286
- ◆ 비 온 후 푸른 하늘을 기다리며 ……………………………… 289
- ◆ 데스밸리에서 서부 개척 시대를 생각하다 ………………… 292
- ◆ 존 스타인벡 기념관에 가다 …………………………………… 295
- ◆ 멕시코 엔세나다 여행지에서 ………………………………… 298
- ◆ 비숍 로스 철도 박물관에서 …………………………………… 301
- ◆ 피닉스 여행에서 배운 삶의 지혜 …………………………… 304
- ◆ 라스베이거스를 지나며 ………………………………………… 306
- ◆ 멋진 추억여행 만들기 ………………………………………… 308
- ◆ 사진 작품이 주는 감동 ………………………………………… 311
- ◆ 올해는 바다도 가보고 울창한 숲도 걸어보자 …………… 313
- ◆ LA에 사는 또 다른 즐거움 …………………………………… 315
- ◆ 울돌목, 소녀상이 거기 있었다 ……………………………… 317
- ◆ 존 스타인벡의 《분노의 포도》 ……………………………… 320

1부

생활 영어, 어떻게 공부해야 하나

영어, 쉽게 배울 수 있다는 믿음

영어는 언제나 부담스럽다. 미국에 사는 한 나이에 상관없이 영어에서 벗어날 수 없어서다. 막 이민 온 사람부터 수십 년간 비즈니스를 운영하며 단골들과 반가운 인사를 나누는 이민 고참들도 마찬가지다. 한국에서 10여 년간 영어 공부를 하고 미국에서도 어덜트 스쿨이나 커뮤니티 칼리지에서 영어 공부를 해도 말하기가 어려운 것은 마찬가지다. 반세기 가까이 이민 생활을 해도 1세들에게 영어는 여전히 부담스러운 이유다. 신은 우리에게 학문을 하고 사물을 이해하는 좋은 머리를 주었지만 외국어를 반복 연습 할 수 있는 끈기는 주지 않은 것 같다. 이런 끈기만 있었다면 영어 때문에 고민하는 일은 없었을 것이다.

우리는 누구보다 영어 공부를 많이 했다. 그런데 영어 필기시험은 잘 봐도 회화 수준은 다른 민족에 비해 부족하다. 기가 막힐 노릇이다. 이는 영어를 학문으로 공부하는 것과 말하는 기술을 습득하는 것은 다르다는 것을 의미한다. 그동안 내게 영어를 배웠던 학생들 가운데 한국식 영어에 완벽하다고 자부하던 영어 학원 강사, 고교영어 교사 등이 이를 잘 증명한다. 사실 이들의 문법 실력은 아이비리그 대학 졸업생보다 더 깊고 완벽했다. 그러면서도 말은 할 수 없었던 이유가 영어를 공부하는 것과 말하는 기술의 습득은 달랐기 때문이다. 사실 생활 영어에 사용되는 단어는 그리 많지 않다. 영국 교육기관의 조사에 의하면 런던 근교의 서민들이 일상적으로 사용하는 단어는 1,800여 개였다. 아시아지역 중학교에서 배우는 단어가 1,500~1,700개 정도니 별 차이가 없다. 영어 지식의 차이가 크지 않다는 얘기다.

  문법은 문장을 이해하고 영어로 말을 만들 수 있는 정도의 지식만 갖추면 된다. 말하기 공부는 그렇게 어렵지 않다. 누구나 반복해서 연습할 수 있는 끈기만 있으면 된다. 물론 통역사를 한다든지 전문적 수준의 대화를 위해서는 더 많은 노력이 필요하지만 관공서에 가거나 병원에 가서 사용하는 영어, 일상생활 영어 정도는 그렇게 어렵지 않다. 쉬운 책을 가지고 꾸준히 공부하겠다는 열정만 있으면 된다. 미국에 살면서 자신을 한정된 세계에 가두어 둘 필요가 없다. 이제 많은 1세가 은퇴를 하고 있다. 자신이 마음대로 사용할 수 있는 시간이 많아진 것이다. 영어 공부를 새롭게 시작하는 것이 낯설고 어렵게 느껴질 수도 있다. 하지만 분명한 것은 모든 것이 어느 정도 익숙해지면 재미있어진다는 것이다. 목표를 너무 어렵게 잡지 말고 쉬운 생활 영어 정도만 하겠다고 생각하면 누구나 가능하다. 이번에는 꼭 될 것이라는 믿음을 가지고 영어 회화 공부를 시작하는 것이 중요하다.

다시 계획을
세울 준비를 하자

　타임지에선 올해의 인물로 스웨덴에서 환경운동을 하는 한 소녀를 선정했고 웹스터 사전도 올해의 단어로 제3의 성을 뜻하는 'They'를 뽑았다. 한국의 교수들은 올 한 해를 함의하는 사자성어로 '공명지조 (共命之鳥)'를 선택했다. 두 머리를 가진 새가 혼자 살려고 하면 같이 죽는다는 뜻을 가진 말이다. 교수들의 한국 사회 상황을 안타깝게 생각하는 뜻이 반영되었다고 한다. 모두 한 해를 마무리하고 있는 것이다. 지금은 새 달력을 걸면서 했던 결심들을 돌아봐야 할 때다. 새해를 시작하면서 올해에는 영어를 꼭 해야지 하고 결심한 분들이 많이 있을 것이다. 돌아보니 언제 포기했는지도 모른 채 잊고 있었다 해도 돌아보면 다시 희망이 생긴다. 다시 결심하고 시작하면 되기 때문이다. 똑같은 날인데도 1년이라는 매듭을 만든 것을 돌아보고, 반성하고, 다시 시작하라는 선진들의 지혜일 것이다. 혹시 LA에서는 안 돼, 한국 사람과 일하고, 한국 마켓에서 장 보고, 한국어로 TV 보고 있으니 안 되지, 미국 사람들과 어울려 일하고 살면 잘할 텐데 하고 스스로 변명한다면 그런 생각을 틀렸다. 미국인과 같은 직장에서 수십 년 일하고, 동네에서 수십 년간 비즈니스를 하고도, 은퇴한 후 생활 영어를 공부하는 사람들이 많이 있다. LA에 살든지 미국인과 어울려 살든지 영어를 잘하기 위해서는 자신이 노력해야 된다는 사실은 똑같다. 물론 미국인과 어울려 살면 영어를 사용해야 할 상황이 많이 생기겠지만, 그렇게 하는 영어 구사 능력은 한계가 있다. 2세인 자녀들의 한국어 사용 능력을 보면 잘 알 것이다. 뉴욕에서의 일이다. 한 한인 여성이 미국인과 결혼하여 40여 년을 살았는데 남편이 지병으로 세상을 떠났다. 남편이 살고 있는 집 한 채와 수십만 불의 현금을 은행 예금으로 남겼다. 부인이 영어를 잘하지 못해, 둘 사이의 유일한 자녀인 딸 이름으로 재산 소유자를 바꾸고 관리하게 했다. 딸이 결혼한 후 마약에 손을 대면서 문제가 생겼다. 마약에 빠진 딸은 결국 이혼을 하고 집에 들어와 같이 살았다. 시간이 지나면서 주변 사람들이 딸의 돈 씀씀이가 예사롭지 않다고 귀띔했다. 은행에 확인하니 예금된 돈이 다 인출되고 없었다. 집도 팔 수 있다는 위기감에 주변 지인들이 변호사의 도움을 받아 집을 지키는 방법을 찾아야 했다.

플러톤의 영어 훈련원에도 한국에서 어학연수 온 후 일본인 3세를 만나 결혼하고, 3년을 산후 공부 하러 온 경우도 있었다. 영어가 미국인과 어울려 산다고 저절로 되진 않는다. 성인과 어린이는 영어 습득 방법이 전혀 다르기 때문이다. 성인이 영어를 하기 위해서는 다음 두 가지 중 하나는 꼭 해야 한다. 첫째는 단기간에 하는 방법이다. 일정

기간 하루 종일 반복 연습을 해야 한다. 교재 선택이 중요하다. 상황이 설정된 대화, 문장구조, 미국식 발음을 같이 공부할 수 있는 교재를 선택해야 한다. 영어를 말하고 들을 때까지는 같은 교재를 사용해야 한다. 그래야 영어 문장구조가 머릿속에 완성되어 말을 만들 수 있는 능력이 생긴다. 단기간의 집중훈련이 가장 효과가 있다.

둘째는 이민 생활에 단기 완성이 어렵다면 될 때까지 하는 끈기가 필요하다. 이 방법의 문제는 공부하는 만큼 성과가 금방 나타나지 않아 포기하기가 쉽다는 것이다. 공부하는 만큼의 성과를 일정 기간 지나야 본인이 인지할 수 있다. 분명한 것은 나타나지 않을 뿐, 성과는 자신 속에 축적되고 있으니 꾸준히 하면 된다.

정말 지구력이 있어야 한다.

"절대, 절대 포기하지 마라"

이 말은 젊은이의 전유물이 아니다. 누구라도 꿈을 가지고 있는 사람들에게 해당되는 말이다. 지금은 냉정하게 반성하고 다시 계획을 세워야 할 때다.

끈기를 이기는 것은 없다

한국 사람의 특징을 한마디로 표현하면 은근과 끈기였다. 천박하게 나대지 않고 은근하게 자기의 뜻을 전할 줄 알고, 한 가지 일을 시작하면 될 때까지 하는 끈기가 있었다. 그러다 전쟁과 산업화 과정을 거치면서 은근은 빨리빨리로 바뀌고 끈기는 조급함으로 변한 것이 아닌가 싶다.

빨리빨리 하다가 안 되면 빨리 다른 것을 찾는 것이 나쁜 것만은 아니다. 한국이 단기간에 경제성장을 이루고, 이민 온 한인들도 빨리 경제적 기반을 닦은 것을 보면 알 수 있다.

문제는 생활 영어를 공부하는 데도 이런 성품이 그대로 나타나는 데 있다. 한 가지 영어책을 사서 조금 공부하다가 지루해지거나, 일정한 시간이 지나면, 성취와 관계없이 또 다른 책을 구입한다. 책장에 영어책은 쌓이는데 말은 늘지 않는 상황이 계속된다. 새것을 좋아하는 특성이 한몫하는 것 같다.

요즘 유튜브 영어 강의도 새로운 것이 계속 올라온다. 이것저것 보다 보면 결국 같은 상황이 된다. 이런 방법은 영어에 대한 지식을 쌓는 데는 도움이 될 수 있어도 말을 하는 데는 도움이 되지 않는다.

이미 한국어 언어 코드가 머리에 고착된 성인이 영어를 말하기 위해서는 영어 코드를 머리에 입력해야 하는데, 전통적인 영어 공부 방법으로는 쉽지 않다. 말하는 영어 공부 방법은 깊은 사고력으로 대상을 이해하거나 대상을 꿰뚫어 보는 통찰력을 가지고 학습해야 하는 것이 아니고, 바보 같은 우직함으로 같은 것을 될 때까지 반복 연습 하는 끈기가 더 중요하다. 영어를 학문으로 공부하는 것과 생활 영어를 공부하는 방법은 다르다는 것을 인지하는 것이 첫걸음이다.

하버드 대학의 의과대학 연구팀에서 효과 있게 암기하는 방법 열 가지를 발표했는데 그중에서 두 가지를 소개하면, 첫째는 반복하라는 것이다. 같은 것을 반복 연습 해서 머리가 기억하게 하라는 의미다. 당연한 말이다. 그럼 몇 번이나 반복해야 하나? 가장 옳은 대답은 될 때까지다.

대구 어느 대학의 동양학 교수가 《논어》를 강의하면서 《논어》를

500번 읽었는데 강의를 더 잘하기 위해서 200번을 더 읽어야겠다고 했다고 한다. 대단한 교수님이다. 이 교수가 독서한 양의 삼분의 일만 공부하더라도 생활 영어 때문에 불편을 겪지는 않을 것이다.

두 번째는 끈기 있게 하라는 것이다. 원래 우리가 가지고 있었지만 지금은 잃어버린 그 끈기다. 지치지 않고, 중도에 포기하지 않고, 될 때까지 하는 끈기, 이것이 가장 중요하다.

고도원의 '행복 경영'에 이런 글이 나온다. "강한 리더가 끝까지 가는 것이 아니다. 끝까지 가는 사람이 성공한 리더다. 끈기를 대신할 것은 없다. 재능도 끈기를 대신하지 못한다. 모든 것을 다 잃어도 끈기만큼은 잃지 말라. 승리는 가장 끈기 있는 사람들에게 주는 선물이다".

이렇게 빨리 변하고, 복잡해진 세상에서 '은근'까지는 아니라도 '끈기'는 꼭 되찾아야 한다. 특히 생활 영어를 공부하는 데는 꼭 필요하다. 끈기는 사람을 성공하게 만들고, 영어도 말할 수 있게 하기 때문이다.

영어 공부,
좋아질 수 있다

요즈음 한국에서 미국을 찾는 관광객 수가 많이 늘었다고 한다. 그런가 하면 한인들의 한국 방문도 눈에 띄게 늘었다. 지인 가운데 상당수도 최근 한국을 방문했거나 한국에 머물고 있다. 그런가 하면 아예 한국으로 역이민을 한 사람도 있고, 한국살이를 알아보고 있기도 하다.

왜 오랫동안 살던 미국을 떠나 다시 한국으로 돌아가려는 것일까? 오랜 타국 생활에서 겪는 외로움, 마음 한구석의 서러움 같은 것들이 한국에서 지냈던 시절을 더 그리워하게 하고, 한국에 대한 판타지를 갖게 하는 것 같다. 그러나 그런 장소, 그런 친구들, 그런 분위기가 그대로 남아 있을까?

최근 몇몇 시니어로부터 한국으로 돌아가려는 이유가 영어 때문이라는 이야기를 들었다. 언젠가 병원에 누워 있을 자신을 상상하면 영어가 마음대로 잘 안되니 생각만 해도, 답답하고 막연해진다는 것이다. 그런데 40년 이상 살며 익숙해진 미국을 떠나 한국으로 가려는 이유가 단지 영어 때문이라면 먼저 생각할 것이 있다. "왜 영어가 안되었을까?"다.

영어가 되는 방법을 알고도 안 했다면 그것도 내가 택한 살아가는 한 가지 방법이었으니 후회할 일은 아니다. 그러나 쉬운 방법을 몰라서, 어려운 방법만 찾아 헤매다가 포기했다면 그건 좀 억울한 일이다.

지금이라도 방법을 찾아보는 것이 좋다. 79세에 미국으로 유학을 왔던 정치인 권노갑 씨는 영어가 재미있어 하와이 대학에서 원래 전공이었던 경제학 대신 영어 석사 과정을 공부했다고 한다. 영어 공부에 늦은 나이란 없다.

생활 영어를 쉽게 하는 방법을 알기 위해서는 발상의 전환이 필요하다. 학교에서 공부하는 방법대로 계속 공부하면 영어 회화가 늘지 않기 때문에 쉽게 포기하게 된다. 우리만 그런 것이 아니다. 최근 프랑스에서 고등학교 영어 교사가 학교 앞에서 영어 시험지를 불태우며 시위를 한 일이 있었다. 학생들이 학교에서 7년간 영어 공부를 하고도 영어로 말을 하지 못한다는 것에 대한 항변이었다. 시험용 영어 공부는 영어로 말을 하는 데 크게 도움이 되지 않는다는 것은 전 세계가 공통인 셈이다.

영어 공부와 생활 영어 회화 공부의 차이를 쉽게 설명하면 이렇다. 수영 선수가 하루에 4시간씩 연습을 한다면 한 시간 정도는 이론을 공부하고 나머지 시간은 수영장에서 실전 연습을 해야 한다. 두 가지 다 필요하기 때문이다.

그런데 우리가 학교에서 영어를 공부했던 방법은 수영을 잘하기 위해 이론 공부만 한 것과 같다. 실제 훈련을 안 했으니 영어가 안된다. 수영이 재미있어지는 것도 수영장에서 보낸 시간 때문이지 이론 공부 때문이 아니다.

학문으로의 영어 공부는 지적능력과 노력이 필요하다. 그러나 생활 영어는 다르다. 고도의 지적능력이 필요한 것이 아니다. 치과 의사와 기공사를 비교해 보면 된다.
기공사는 약간의 이론으로 인공의 틀을 만드는 것을 수없이 연습해서 원래의 이와 똑같은 작품을 만들어 낸다.

생활 영어도 이 정도의 이론을 가지고 꾸준한 반복 연습을 통해 머리가 말을 기억하게 하는 것이다. 말이 되기 시작하면 영어 공부가 재미있어진다.

104세의 김형석 교수는 지금도 책상에 커다란 국어 대백과 사전을 두고 수시로 새로운 단어를 찾아본다고 한다. 모르던 것을 새로 알았을 때 느끼는 희열이 있다. 이것은 생활에 활력을 준다. 영어 공부가 그렇다. 끊임없이 새로운 것을 알아가야 하기 때문이다.

무엇이 더 지력을
향상시킬까?

　LA한인타운의 한인 시니어 문화강좌에서 매번 인기 순위 상위에 올랐던 영어가 순위에 들지도 못했다. 반면 손가락 사용이 치매 예방에 효과가 있다고 알려지면서 피아노 클래스는 1위에 올랐다고 한다.

　영어 공부는 어렵게 생각하지 말아야 계속할 수 있다. 물론 영어 회화를 잘하기는 쉽지 않다. 그러나 생활 영어를 공부하는 방법은 따로 있고, 그렇게 어렵지 않다.

　장폴 네리에르는 프랑스 사람으로 다국적 기업 IBM에서 27년간 일하고, 유럽지역 부사장을 지냈다. 그가 프랑스에서 공부할 때는 영어 교육을 하지 않았다. 다국적 기업에서 여러 사람과 소통하기 위해서는 스스로 영어를 공부해야 했다. 그는 퇴직 후 어떻게 생활 영어를 공부했고, 국제회의까지 주관했는지를 설명한 책 《글로비쉬로 말하자》를 내고 전 세계를 다니며 쉬운 영어 회화 공부법에 대해 강의했다. 한국에도 '서울 청소년 창의성 국제 심포지엄'에 강사로 참석했었다.

그는 책에서 단어 1,500개와 문장구조 24개만 알면 영어를 말할 수 있다고 주장한다. 한국 중학교 영어 교과서에 사용된 단어가 1,500여 개였다. 그는 쉬운 말로 얘기하고 못 알아들으면 다시 쉬운 말로 한 번 더 설명하라고 권한다.

영국에서 런던 근교의 서민들이 일상생활에서 사용하는 단어의 수를 조사한 적이 있다. 결과는 1,200여 개에 불과했다. 일상생활에서는 쉬운 말로 얘기하기에 어려운 단어를 사용하지 않는다. 말하는 방법만 알면 쉬운 단어로 얘기하고, 말을 하게 되면 영어 공부에 흥미가 생겨 더 어려운 것도 공부하게 된다.

영어 공부를 등산과 비교하면 생활 영어 공부는 쉽게 오를 수 있는 적당한 높이의 산이라고 생각하면 된다. 어느 정도의 노력으로도 성공할 수 있다는 얘기다. 꾸준히 해야 하는 영어 회화 공부를 중간에 포기하게 하는 가장 큰 이유는 매일 공부해도 공부하는 만큼의 성과가 눈에 보이지 않는다는 것이다. 공부한 만큼의 성과를 바로 느낄 수 있다면 계속 공부할 수 있는 원동력이 되는데 그렇지 않은 것이다.

존스 홉킨스 대학의 '기억력 향상에 대한 연구'에 의하면 우리의 뇌는 매일 달라지는 것을 인지하는 것이 아니라 어느 순간 껑충 뛰어오른 것을 인지한다는 것이다.

목표 지점에 도달하는 것은 같은 시점이지만 단지 계속 느끼지 못할 뿐인 것이다. 그래서 영어 공부를 계속하기 위해서는 제도적 장치가 필요하다. 의지가 아주 강하지 않고서는 혼자 공부하기가 쉽지 않다. 골프 연습장에서 몇 사람이 모임을 만들어 같이 연습하면 빠지기 힘들다. 혼자서는 이런저런 이유로 빠지기 쉬운 것과 같다.

다양한 모임을 통해 일주일에 두 번 정도 같이 모여 공부하면 좋다. 시스템화해서 어느 정도 구속력을 갖는 것이다. 또 영어를 잘하지 못하는 것에 대한 창피함을 갖지 않아야 한다. 영어와 피아노를 다 공부해 본 내 경험으로는 영어 공부가 지력 향상에 더 도움이 되는 것 같다.

영어가
좋아진다면

《외국어를 배워요, 영어는 아니고요》는 작가 곽미성 씨가 '좋아서 하는 외국어 공부의 맛'이라는 부제를 덧붙여 발간한 책이다. 작가는 10대 후반 프랑스에 어학연수를 갔다가 20년 이상 살면서 직장을 구하고, 저술 활동도 하고 있다. "내가 프랑스어를 말할 때 프랑스는 내게 문을 열었다"는 그녀는 요즘은 이탈리아가 좋아져서 이탈리아어 공부를 시작했다고 한다.

이 책은 유용한 쓸모도, 직업적 메리트도 없는 언어지만 그냥 좋아서 하는 외국어 공부에 관한 이야기다. 그녀는 책에서 "이미 늦었다"의 세계에서 "아직 시간이 있다"의 세계로 나아가는 이야기를 들려준다. 이국적인 다양한 삶, 차이를 인정하는 자세 등을 이야기하고 언제든지 다시 시작할 수 있다는 용기를 갖도록 독자를 이끈다. 누구나 마음속에 다른 나라 하나쯤은 품고 살듯이 이탈리아는 작가에게 그런 나라였다.

이 작가의 이탈리아어에 비하면 미국에 사는 우리에게 영어는 상당히 유용하다. 직업적인 메리트도 있고, 쓸모도 많다. 미국에 사는 누구에게나 미국이 마음에 품고 있는 나라는 아닐 수 있지만, 영어를 말하게 되면 미국은 더 친근하게 다가올 것이다.

그러나 1세들에게 영어는 영원한 미완의 숙제다. 미국에 오래 살면서 얻은 결론은 영어를 쓰는 나라에 오래 산다고 영어가 저절로 되는 것은 아니라는 것이다.
오랫동안 영어 공부를 했지만 미국에 와서 말이 안 되는 것은 한국의 잘못된 영어 교육 탓이다.

한국은 단 한 번의 대학 입학시험으로 장래가 결정되다시피 하는 나라다. 당연히 실용성보다는 공정하게 등수를 가릴 수 있는 시험이 교과과정에서 우선시된다.
영어는 수능에서 절대평가로 시험 방식이 바뀌었지만, 쉬운 영어보다 점수 차이를 낼 수 있는 다른 과목에 올인하게 되면서 영어 교육은 더 뒤로 밀리게 되었다. 더 큰 문제는 미국에 와서도 오랜 습관 때문에 같은 방법으로 영어를 공부한다는 것이다.

한국 정부는 지난 2010년쯤 말하는 영어 교육으로의 개혁을 시도한

적이 있었다. 그때 교육 전문가들이 왜 말이 안 되는지를 진단하는 작업을 했다. 결론은 영어 공부를 하면서 말하는 연습은 하지 않았다는 것이었다. 대표적인 생활 영어 교육 전문가 민병철 교수도 그의 저서 《세상을 끌어당기는 말, 영어의 주인이 되라》에서 말하는 영어는 공부하는 것이 아니라 말하는 연습을 해야 한다고 주장했다.

말하는 연습은 어떻게 해야 할까? 영어 공부는 문법, 단어, 독해, 작문을 따로 공부한다. 하지만 말하기 연습은 문장구조와 단어, 독해, 발음을 같이 연습한다. 말하기 연습용으로 만들어진 교재의 대화체 문장을 크게 소리 내 읽으며 말하는 연습을 하는 것이다. 반복 연습을 통해 머리에 기억되기 때문에 작문과 어순 정리는 저절로 된다.

한국에서는 이번에 정부가 추진하는 교육 개혁이 성공해 공교육이 책임을 다하는 정상적인 사회가 되면 좋겠다. 미국의 한인 1세들도 영어 공부 방법을 바꿔 영어와 더 친해지면 미국은 더 마음을 열 것이고, 영어 공부도 좋아질 수 있을 것이다.

현명하게
선택해야 한다

미국에서 영어 공부를 하는 사람은 세 가지로 생각해 볼 수 있다.

첫째, 임계연령(13세) 전에 와서 학교에서 공부하는 경우다. 이때는 듣는 대로 따라 해도 미국인처럼 발음할 수 있어 학교에서 자연스럽게 영어 공부를 할 수 있다. 둘째는 직업상 영어가 꼭 필요한 경우다. 무엇을 가지고 어떻게 하든 영어를 말할 수 있게 된다. 반복하기 때문이다. 하지만 미국 회사에서 일했다고 모두 생활 영어에도 능한 것은 아니다. 업무에 필요한 영어만 하는 경우도 많기 때문이다.

세 번째가 성인이 되어 온 1세의 경우다. 이들은 공부를 시작할 때 꼭 거쳐야 하는 과정이 있다. 영어를 미국식으로 발음하는 것과 말하는 리듬을 익혀야 한다는 것이다. 이는 가능하면 초기부터 하는 것이 좋다.

젊은 시절 미국인 여성에게서 영어 발음을 공부한 적이 있다. Right 와 Light를 종이에 적고 발음하면서 따라 해보라고 했다. 이들을 따라 했는데도 고개를 갸우뚱하면서 왜 같은 소리가 나오지 않는지 이해할 수 없다는 표정이었다.

그때 그 선생님은 R과 L 발음 시 입술과 혀 놀림, 입 전체의 모양과 긴장 정도 등에 관해 설명하지 않았다.

미국인은 어려서부터 소리를 내었기 때문에 자연스럽게 되지만 성인이 되어 영어를 배우는 사람은 발음 연습 과정을 거쳐야 하기 때문이다. 그리고 한국어 어순과 영어 어순의 비교, 말할 때의 리듬을 익히는 법도 알려줘야 한다. 그러면서 점점 영어의 지평을 넓혀가는 것이다.

오래전 훈련원에 40대 중반의 여성이 온 적이 있었다. 한국에서 미용실을 운영하다 남편과 합류하기 위해 늦게 미국에 왔다고 했다. 미국인을 대상으로 미용실을 하고 싶어 영어를 배우려고 하니 남편이 왜 한국 사람한테 배우려고 하느냐며 유태인이 운영하는 회화 학원에 등록을 해줬다고 한다.

매일 학원에 갔지만, 한 마디도 알아들을 수가 없었다고 한다. 3주가 지나자 슬슬 불안해지기 시작해 같이 공부하는 한인 유학생에게 "알아듣느냐"고 물어봤다고 한다. 그러자 그 학생은 "우리도 잘 못 알아들에요. 그냥 다녀요"라고 대답하더라는 것이다. 정신이 번쩍 들더라. 빨리 영어 공부를 해서 미장원을 열어야 하는데 시간이 없었다. 그녀는 등록 후 매일 연습해야 할 내용을 종이에 적어 외우면서 훈련원에 다녔다. 그녀의 절실함이 영어를 하게 했다.

한의사와 현직 간호사가 같은 반에서 공부한 적이 있었다. 한의사가 미국인과 대화할 기회가 없으니 영어가 늘지 않는 것 같다고 하자 간호사는 "미국인에게서 2년 동안 개인 수업을 받았지만 큰 효과를 얻지 못했다"고 말했다. 영어를 배우려는 1세들에게 보통의 미국인은 영어 연습 상대는 될 수 있지만 선생은 되기 어렵다.

영어 공부에 성공한 사람들의 다양한 경우를 알아보는 것은 현명한 선택을 위한 필수 조건이다. 현명한 선택이야말로 영어를 정복하는 첫걸음이기 때문이다.

독서가
주는 것들

얼마 전 동네를 산책하다 어느 집 앞 인도와 가까운 코너 잔디 위에 나무로 제법 크게 만든 상자가 받침대 위에 서 있는 것을 발견했다. 인도에서 손에 닿는 거리다. 하얀 페인트가 칠해진 상자에는 '동네 대여 도서관'이라고 적혀 있었다. 그리고 '누구나 가져가서 같이 읽으세요. 읽은 후에는 가져다 놓으세요.'라는 문구도 있었다. 상자 문을 열어보니 50여 권의 다양한 책들이 진열되어 있었다.

마음이 따뜻해지는 것 같았다. 이렇게 동네 사람들이 책을 나누어 읽는구나. 깨끗하게 정돈된 동네가 더 정답게 느껴졌다.

책을 읽는 사람들은 안다. 책을 읽으면서 자신이 얼마나 많이 변하였는지를…. 책은 먼 과거로도, 또 가고 싶은 곳에 데려다주기도 한다. 마음이 약해졌을 때 단단하게 만들어 주기도 하고, 지금보다 더 나은 나를 만들 수 있게 도와준다.

디지털 시대라지만 전문가들은 독서는 컴퓨터, 태블릿, 휴대폰의 스크린으로 읽는 것보다 종이책으로 읽는 것이 더 좋다고 한다. 내용을 이해하는 폭이 더 넓어지고 사고하는 뇌가 활성화되어 어휘력, 집중력, 사고력 등도 더 향상된다는 것이다.

《월스트리트저널(WSJ)》은 최근 로맨스 소설을 읽는 남성들이 늘고 있다고 전했다.

운동선수들도 치열한 경쟁 때문에 겪는 스트레스를 로맨스 소설을 읽으며 푼다는 것이다. 출판계는 로맨스 소설 독자의 30% 이상이 남성일 것으로 추산하고 있다.

어떤 책이든 일단 읽기 시작하면 수준이 더 높은 책을 읽을 가능성이 높다고 한다. 미국 서점협회에 따르면 미국은 2020년부터 동네 서점도 꾸준히 늘고 있다. 미국의 대표적인 서점 '반스 앤드 노블'의 매출도 매년 조금씩 늘고 있다고 한다.

조앤 롤링의 소설《해리포터》시리즈가 한창 발간될 때 뉴욕 맨해튼의 주요 서점 앞에는 책을 먼저 사기 위해 고객들이 텐트까지 치고 밤새 기다리는 진풍경이 벌어졌었다. 교사협회 등은 이 열기가 학생들의 독서량 증가로 이어지길 기대했으나 그렇게 되지 않아 실망하기도 했다.

요즘 미국에서 일고 있는 독서 바람이 오래가 미국인들을 변화시키는 운동으로 이어졌으면 좋겠다. 미국 사회에는 지금 여러 가지 문제점들이 노출되고 있다. 종교가 사람들을 변화시키는 데 점점 힘겨워하는 것 같다. 그렇다면 독서가 도움이 되지 않을까?

한국에서는 문재인 전 대통령이 살고 있는 작은 시골 마을에 '평산책방'이라는 서점을 내 화제다. 그는 재임 기간에도 짬을 내 꾸준히 독서를 했다고 한다.

카터 전 대통령의 '사랑의 집짓기 운동' 참여로 어려운 환경의 사람들에 대한 관심을 갖게 되었듯, 한국 양산의 작은 마을에서 시작한 '책방'에 대한 관심이 세계적인 운동의 시작점이 되었으면 하는 바람이다. 그것이 사람들의 마음을 풍요롭게 만드는 길이다.

평생 공부하는 사람들

영어 관련 세미나에 참석했다. 외국어를 효과적으로 학습할 수 있는 교재와 사용법에 대한 것이었다. 그리 크지 않은 교실이지만 예비 학생들로 가득 찼다. 대부분이 60~70대로 보였다. 수십 년을 미국에 살면서도 영어 때문에 아쉬움이 많은 사람들이 혹시나 해서 왔을 것이다.

둘러보니 맨 앞자리 한가운데에 낯익은 얼굴이 보였다. 단정한 옷차림에 머리를 깨끗이 빗어 넘긴 그는 강사의 말에 집중하고 있었다. K 선생이었다. 그는 지금 아마 95세일 것이다. K 선생을 처음 만난 것은 교회의 공부하는 모임에서였다. 본인보다 젊은 사람과 어울리고 싶다며 억지로 들어온 분이었다. 그는 비록 한쪽 팔에 당뇨 측정기를 달고 다니지만, 매일 한 시간 이상 걷기 운동을 한다. 이런 자기관리 덕에 90세가 넘어서도 중국 등 여러 곳을 혼자 여행하는 분이다. 간혹 내 칼럼을 잘 읽었다며 연락을 주시곤 했다.

세미나가 끝나고 인사를 하자 "아니 최 원장이 왜 여기를…" 하며 반갑게 잡는 손에 전과 같은 힘이 느껴졌다. 계속 공부하는 자세, 새로운 것에 대한 호기심 등등이 K 선생을 젊게 살게 하는 원동력일 것이다.

토요일 오후에 봉사하는 교회의 문화학교에서 영어를 공부하는 학생들도 60~70대가 많다. 어떤 분은 강의 참석을 위해 한 시간 이상 운전을 하고 온다. 이것저것 질문하는 자세가 아주 진지하다.
새로운 것을 공부하겠다는 마음이 그들의 삶에 긍정적인 영향을 끼치고 있는 것이 분명해 보였다.

지금은 시니어의 연륜과 지혜가 과거만큼 존중받는 사회가 아니다. 도리어 '노인 폄훼' 모습까지 심심찮게 나타난다. 이런 상황에서 자긍심을 갖고 떳떳하게 사는 방법은 계속 공부하며 세상을 보는 균형감각을 유지하고 자신의 가치를 지켜나가는 것이다.

여성 기업인 이상숙 씨는 92세에 성공회 대학에서 박사학위를 받았다. 2년 전 석사 학위에 이어 한국 최고령 박사가 됐다. 이 박사는 아침 7시부터 자정까지 공부했고 "알아가는 즐거움이 너무 커 계속 공부할 계획"이라고 말했다.

작가이자 강연가인 조지 도슨은 뉴올리언스의 가난한 흑인 가정에서 태어났다. 그는 많은 동생을 부양하느라 글도 배우지 못했다. 그러나 그는 어린 시절 할아버지에게서 배운 '인생은 아름다운 것이고, 점점 나아지는 것'이라는 믿음을 갖고 살았다. 그는 나이가 들어 고향으로 돌아와 낚시로 소일하며 살다가, 성인학교에서 글을 가르친다는 말을 듣고 매일 가서 공부했다. 그의 나이 98세였다. 그는 "공부하고 책을 읽는 즐거움을 깨닫게 됐다"고 말했다. 그는 101세 때 글을 가르쳐 준 교사의 도움으로 《인생은 아름다워》라는 책을 발간했고, 지금은 여러 곳을 다니며 많은 사람에게 희망을 전하는 강연을 하고 있다.

사도 바울은 "우리의 겉 사람은 낡아지나, 속사람은 날로 새로워진다"고 말했다.

새로운 세상은 우리가 배워야 할 것이 너무 많다. 배우고, 새롭게 알아가는 즐거움도, 시도해야 얻을 수 있다. 이것이 우리가 날로 새로워지는 방법일 것이다.

뇌 건강 지키는
영어 공부

요즘 생활 영어를 공부해야겠다는 분위기가 많이 시들해진 것 같다. 아마 은퇴하는 1세들이 늘고, 번역이나 통역 앱이 많이 등장한 영향인 것 같다. 그런데 번역 앱 사용은 많은 도움이 되겠지만 통역 앱 사용은 부득이한 경우를 제외하고 바람직한 방법이 아니라고 생각한다. 서로 바라보며 의사를 전달하기에는 적절치 않기 때문이다. 미국 여행의 재미를 더하고 삶의 활력을 위해서도 생활 영어 배우기를 포기하지 않는 것이 좋을 것 같다.

가끔 영어 공부를 하고 싶다며 방법을 묻는 분들의 전화를 받는다. 이런 분들에게 공부 방법을 설명해 주고 교재도 소개해 준다. 어떤 교재라도 열심히 공부하면 되겠지만 영어에 대한 전반적인 이해와 말하는 것을 연습하려면 교재 선택이 중요하다. 다음은 공부하려는 마음 가짐이다. 대부분이 중도에 포기하는데, 계속 공부하려는 노력은 본인의 몫이다.

 최근 은퇴 후 첼로를 배우기 시작한 경험담을 소재로 한 수필을 읽었다. 연주회에 갔다가 첼리스트의 모습이 너무 멋져 보였다는 것이다. 그런데 막상 시작하고 보니 여러 번 포기를 결심했을 정도로 힘들었다고 한다. 이 수필가는 대학교수이기도 한 한 유명 첼리스트가 "나이가 들어서도 하루도 빠짐없이 연습해야 하는 줄 알았더라면 첼로를 시작하지 않았을 것"이라고 말하는 것을 들었다며 본인도 같은 심정이었다고 했다.

 첼로의 거장 파블로 카잘스는 90세가 넘어서도 쉬지 않고 연습해 유명한 연주곡을 많이 남겼다. 한국의 한 젊은 유명 첼리스트도 하루 10시간 이상 연습할 때가 많다고 했다. 이 수필가는 포기하고 싶은 상황이 올 때마다 성공한 사람들의 이야기에서 용기를 얻어 계속할 수 있었다고 했다. 악기를 배우든 영어를 배우든 이런 도전을 극복해야 한다.

 최근 서울대 뇌인지과학과의 이인아 교수가 《기억하는 뇌, 망각하는 뇌》라는 책을 발간했다. 이 교수는 학습과 기억을 관장하는 뇌 해마 연구의 세계적인 권위자다. 그는 이 책에서 계속 학습하지 않으면 뇌의 생명도 끝난다고 강조하며, 반복적으로 학습하는 것을 습관화하면 뇌가 새로운 것을 기억하고 무의식적인 기억 상태로 옮겨가게 한다고 설명한다. 따라서 그는 지속해서 반복 연습 하는 방법으로 학습할 것을 권한다. 반복 연습의 효과는 금방 나타나지 않아도 뇌가 이를 기억하고 있다가 어느 순간 표현하게 된다는 것이다.

악기나 스포츠 연습도 이런 방법으로 효과를 볼 수 있다고 한다. 지속적인 학습은 뇌를 건강하게 하고 뇌의 작용을 활성화해 준다.

영어 공부는 의사소통뿐만 아니라 미국문화를 배우고 미국인들의 생각을 알 수 있게 하는 역할도 한다. 언어에는 그 민족의 혼이 담겨있어 그들의 세계를 볼 수 있게 해주는 것이다.

반복 학습을 통해 영어를 배우고 뇌 건강도 지키는 생활 영어 공부를 하지 않을 이유가 없다.

은근과 끈기의 민족성

　한국인이 가지고 있는 여러 가지 특질 중의 하나는 은근과 끈기였다. 경박하게 마음을 드러내지 않고 은근하게 마음을 전한 것이 조선의 선비정신이었다. 그들은 한 권의 책을 수백 권 읽는 끈기도 가지고 있었다.

　우리의 이러한 정신은 산업화 과정을 거치면서, 은근과 끈기보다는 역동적이고 진취적인 기마 민족의 특질이 더 강화된 것 같다. 이것은 디지털 혁명을 겪으면서 세계의 새로운 문화를 주도할 수 있는 원동력이 되고 있다.

　이웃 나라 일본의 장인정신을 부러워하던 우리가 이제는 새로운 변화를 쉽게 수용하지 못하는 그들을 넘어설 수 있다고 생각하게 되었다. 가파른 변화와 고속성장을 기뻐하는 사이에 만들어진 사회는 화려하지 않은 은근함, 여간해서 굴하지 않는 끈기를 사라지게 했다. 부가 최고의 가치로 인정받고, 이를 위해서는 무슨 일이라도 한다. 남보다 더 가져야 한다는 강박관념은 이웃을 돌아보지 않는 야성의 사회를 만들고 있다.

이러한 사회 현상이 〈오징어 게임〉을 탄생시켰을 것이다. 이 처절한 게임에 내몰릴 만큼 극한 상황에 처한 사람들이 많이 있다는 것은 사회에 문제가 많다는 의미이다. 그냥 하나의 작품으로만 보기에는 불편한 마음을 지울 수 없다. 이 드라마에서 전 세계인이 열광하는 것은 공정하지 못한 사회 현상이 세계 곳곳에 팽배해 있다는 뜻일 것이다. 공감하는 것이 있으니 그 섬뜩한 드라마를 보게 되는 것이다. 언젠가 시한폭탄이 될 수 있는 이러한 현상을 개선하기 위해서 각국 정부가 적극 나서야 한다. 개인의 선의에만 의존하기에는 어두운 구석이 너무 많이 퍼져 있다. 한국 사회도 점점 〈오징어 게임〉을 닮아간다고 걱정하는 사람들이 많다고 한다. 씁쓸한 이야기다. 요행을 노리는 게임에 참가하기보다는, 더 좋은 변화를 위해 무엇인가 노력할 수 있는 여건이 만들어져야 한다. 다행히 우리에게는 은근과 끈기라는 잊혀진 특질이 있다. 근대화하는 과정에서 가려져 있던 이 특질을 다시 불러내야 한다.

끈기가 무슨 일을 할 수 있는지는 다음 기사에서 확인할 수 있다. 《중앙일보》에 8월 23일 업데이트된 전수진 기자의 글이다.

〈영어로 학술서 낸 76세 토종교수, 영어비결 묻자 "무소반 읽외"〉이다.

한국에서 나고 자랐지만 영어로 강의하고 영어로 496쪽에 달하는 학술서 까지 낸 구대열 교수(76세)의 이야기다. 그는 유학도《한국일보》기자 생활을 5년 한 뒤 늦게 갔다. 그에게 영어를 잘하게 된 비결을 묻자 "무조건 소리 내어 반복해서 읽고 외웠다"라고 대답했다. 책 2권을 정해놓고 완독할 때마다 바를 정(正) 자를 써가며 계속 외웠다. 어느새 바를 정(正) 자가 200개가 넘었다고 한다. 무서운 끈기다.

그는 한국 대학에서 영어 광풍이 불 때 제일 먼저 영어로 강의한 한국인 교수가 되었다. 미국 미네소타 대학에 초청받아 1년 동안 한국문화와 역사에 대한 강의도 했다. 말하는 영어가 강조되면서 어느 기자가 〈30년 영어 교사를 한 아버지가 명퇴했다〉라는 기사로 왜 아버지가 교직에서 물러날 수밖에 없었는지에 대해 쓰고, 미국에서 10년 공부하여 영문학 박사학위를 받고 한국 대학에서 영문학 강의를 하던 교수가 영어 회화에 대한 스트레스 때문에 서양 문화사로 전공과목을 변경한 일이 있었던 시대였다. 그의 끈기가 영어로 강의하고 영문 학술서를 발간할 수 있게 한 것이다.

이호왕 고려대 명예교수(93세)는 평화상 외에는 노벨상 수상자를 한 명도 배출하지 못한 한국에서, 올해 생리 의학상의 유력한 후보자로 마지막까지 거론되었다. 그는 의대 졸업 후 한결같이 바이러스를 연구한 기초 의학자이다. 그의 끈기에 대한 보상일 것이다.

은근히 존중받고 끈기가 보상받을 수 있는 사회를 꿈꿔본다. 야성이 재배하는 사회는 화려해 보여도 모두에게 위험이 될 수 있기 때문이다.

배움에는 끝이 없다

사람이 공부를 통해 성장하고, 변화한다는 것은 누구나 알고 있다. 하지만 언제 어떻게 공부해야 하는가에 대해서는 각각 생각이 다르다. 유치원부터 시작하는 학교 공부를 통해 사람으로서의 틀이 만들어지는 것이 일반적이다. 그런데 학교를 다니지 않은 사람 중에도 위대한 업적을 남긴 사람들이 많이 있는 것을 보면 삶의 현장도 훌륭한 교육의 장이 될 수 있다.

독일 문호 괴테는 "가장 유능한 사람은 가장 배우기를 힘쓰는 사람이다"라고 했다. 《탈무드》에서도 "나는 스승에게서 배웠고, 친구에게서도 배웠고, 제자에게서도 배웠다"라고 교훈한 것을 보면 우리가 사는 세상이 학교가 돼야 한다는 것을 말해준다. 평생 공부할 수 있고 또

해야 한다는 말이기도 하다.

한국에서 시니어들에게 평생 교육의 중요성을 얘기하면 대부분 "이 나이에 공부는 해서 무엇 해"라고 대답한다고 한다.

수년 전 시카고에서 사업체를 성공적으로 경영하고 지역사회 단체장으로 봉사한 70대 S 씨가 은퇴 후 따뜻한 오렌지카운티의 은퇴자 단지로 이사 왔다. 그가 시카고에서 간호사로 은퇴한 부인과 함께 영어 공부를 하러 왔다. 플러톤까지 가까운 거리가 아닌데도 열심히 왔고 재미있게 공부했다.

어느 날 수업 후 식사 자리에서 웃으며 얘기했다. 주변의 많은 시니어들이 무료하게 시간을 보내는 것을 보고 "그렇게 시간을 허비하지 말고 우리와 같이 영어 공부 하러 갑시다"라고 권했더니 "지금 나이에 공부는 해서 뭣 해"라는 말을 들었다고 한다. 그는 수년 후 다시 한번 공부하러 왔고, 내가 참석했던 컴퓨터 클래스에서도 만났다. 그는 무엇인가를 계속해서 공부하고 있었다. 그런 그는 꽤 오랫동안 지역사회의 단체장으로 봉사하고 있다.

공부는 자신의 고정관념을 깨뜨리고, 자신을 변화시킨다. 새로운 사회에 잘 적응할 수 있게 하며, 사회에 공헌할 수 있게 한다. 그가 80대에도 활발하게 생활하며 지역사회에 봉사할 수 있는 것도 계속 공부하며 자신을 성장시키고 있기 때문일 것이다.

전문가들은 나이가 들어서가 아니고, 더 이상 뇌를 쓰지 않아서 늙는다고 한다. 정신과 의사인 와다 히데키도 《남은 50을 위한 50세 공부법》에서 50세에 다시 공부를 시작해야 하는 이유를 뇌 기능 향상 등 노화 방지에 최고의 방법이기 때문이라고 말했다.

어느 날 공원의 테이블에서 독서하고 있는데 근처의 테니스 코트에서 운동을 끝낸 6~7명의 중년들이 옆 테이블로 왔다. 그중 40대의 남자가 내게 다가왔다. "책을 보시는데 떠들어서 죄송합니다"라며 미안해했다. 나도 테니스를 즐겨 하는 사람이라 괜찮다고 답했다. 가까이 와서 영어책을 읽는 것을 보고는 "연세도 들어 보이시는데 왜 골치 아프게 공부하십니까?"라고 물었다.
"독서도 테니스처럼 재미가 있어 하지요"라고 대답했다.

젊을 때는 일과 다양한 운동, 취미 활동을 병행하면서 만족한 생활을 할 수 있지만 나이가 들면 독서와 공부만큼 마음의 평정과 정신적인 기쁨을 주는 것도 없다. 문제는 이런 공부는 은퇴 후 시간이 많이 생긴다고 갑자기 할 수 있는 것이 아니라는 점이다. 컴퓨터 등의 기능적인 공부는 은퇴 후에도 가능하지만 정신을 고양시키는 독서는 젊을 때부터 꾸준히 하지 않으면 안 된다. 이것이 학교 졸업 후에도 독서와 공부를 꾸준히 하는 습관을 가져야 하는 이유다.

배움과 함께하는
시니어 라이프

코로나 팬데믹 사태로 인해 답답한 마음으로 맞은 세 번째 새해 벽두에 기분 좋은 소식이 신문을 통해 전해졌다. 한인타운 시니어센터의 1월 새 학기 개학을 앞두고 수강 신청을 하려는 한인 시니어들 수백 명이 몰려들어 북새통을 이뤘다는 것이다. 전체 34과목 중 대부분의 정원이 조기 마감됐다니 놀라운 일이다.

아직 우리는 어둡고 긴 터널을 지나고 있다고 생각했는데 다시 일상을 회복하기 위한 기지개를 켜는 모습을 보는 것 같아 반가웠다. 오미크론의 확산세가 아직 맹렬한 기세이나, 전문가들은 백신 3차까지 접종한 사람들은 심각한 상태까지는 가지 않는다고 한다. 머지않아 독감과 같은 수준으로 전환할 것이라고 예측한다. 곧 일상을 회복할 것이라고 기대해도 될 것 같다. 다시 시작할 때가 된 것이다.

시니어의 삶에서 무엇을 새롭게 배운다는 것과 문화 활동이 얼마나 중요한가라는 것을 조사한 연구가 있다. 도쿄대학교의 카츠야 이이지마 교수팀이 5만여 명을 대상으로 어떤 노인들의 기력이 빨리 저하되는지를 조사했다. 이들의 연구에 따르면 아무것도 하지 않는 노인의 노쇠 위험은 16.4배 높았다. 운동만 하는 경우에는 6.4배, 봉사활동과 문화생활을 하면 2.2배로 노쇠 위험이 높은 것으로 나타났다. 운동과 문화 활동을 같이 하면 상당 기간 기력 저하를 막을 수 있다는 이야기다.

나이가 많아지면서 기력이 저하되는 것은 자연스러운 일이다. 그러나 기력이 저하되는 속도를 늦출 수 있다면 당연히 노력해야 한다. 시니어들이 문화학교나 시니어센터 혹은 소규모 그룹을 만들어 공부하며 이웃과 어울리는 것이 바로 정신·문화 활동이다.

미국에서 정년을 맞고 은퇴 생활을 해야 하는 한인 시니어들이 새 세상에 잘 적응하기 위해 꼭 배워야 할 것들이 있는데, 공부가 지력은 물론 기력까지 유지시켜 준다고 하니 얼마나 다행인가.

계속 공부하면 지력이 얼마나 유지, 향상되는지는 107세까지 살았던 쇼치 사부로의 예가 잘 증명한다. 그는 세계적으로 널리 알려져 있는 일본의 교육자다. 생전에 외국에서 많은 강연도 했던 그는 강연이 없는 날에는 집에서 공부를 했다. 매일 일기는 꼭 영어로 썼다고 한다. 95세에 중국어를 시작했고, 100세에 러시아어와 포르투갈어를 공부하기 시작했다. 기억력의 유지를 위해 끊임없이 공부한 것이다.

뇌 의학자들은 어떻게 하면 지력의 손상을 막고, 유지시킬 수 있는지 그를 통해 연구하기도 했다. 나이가 들어도 계속 활동하며, 운동과 공부를 병행한다면 기력과 지력이 오래 유지되는 것을 알 수 있다.

한인타운에서 정년퇴직 후 오랫동안 지역사회의 시니어센터 독서클럽에서 공부하며 미국인들과 교제해 온 한 분이 전화를 해왔다.
한인 시니어들과 독서클럽을 만들어 같이 책을 읽고 독후감을 나누며 교제했으면 좋겠다는 것이었다.

한인 시니어 사회에는 이미 운동을 위한 모임, 취미 생활을 위한 모임 등이 많이 있고 적극적으로 활동하고 있다. 여기에 독서 등 공부를 위한 모임까지 활발히 활동한다면 더 많은 시니어들이 공부할 기회를 갖게 돼 체력과 함께 지력까지 향상될 것이다.

이런 모임이 많이 만들어지기 위해서는 먼저 공부는 골치 아픈 일이라는 생각에서 벗어나야 한다. 공부도 골프나 낚시, 등산처럼 자주 많이 하면 익숙해지고 재미있어진다. 이것이 정년퇴직을 하면서 여유시간을 많이 갖게 된 시니어들이 새롭게 공부를 시작해야겠다는 빌성의 전환을 해야 할 이유이다. 같이 모여 공부하고 이야기를 나누면서 이해하고 공감하며, 서로에게 위로가 되는 생활이 가장 바람직한 시니어 라이프일 것 같다.

노력하는
사람들

 근래에 두 젊은이가 자기 분야에서 놀랄만한 위업을 달성했다. 그들이 세계에서 최고의 자리에 올라설 때까지 해야 했던 지난한 연습 과정을 통해 미국에 살면서 성인이 되어 영어를 공부하는 사람들이 배워야 할 것은 무엇일까? 생각해 보았다. 피아니스트 임윤찬(18세)은 북미 최고 권위의 '반 클라이번 국제 피아노 콩쿠르'에서 역대 최연소로 우승했다. 그는 신문사의 인터뷰에서 그를 천재라고 부르는 주변에 대해 "천재는 절대로 아니고 그냥 노력하는 사람입니다. 다만 노력하는 용기가 있을 뿐입니다"라고 말했다.

 그는 또 "고독한 연습 시간이 가장 힘들다. 아주 작은 연습실에서 하루 7시간을 연습하다 보면 잠시 길을 헤맬 때도 있다. 좋은 음악을 하고 싶다는 생각과 위대한 연주가들의 레코딩을 들으며 나도 저렇게 연주할 수 있다면 이건 별것이 아니겠구나 하는 생각이 다시 길을 찾게 했다"라고도 했다.

일본의 탁구 여제로 불리는 이토미마(21세)는 작년에 열린 도쿄 올림픽에서 일본 탁구 사상 처음으로 혼합 복식조에서 중국을 꺾고 금메달을 목에 걸었다. 탁구선수 출신인 그녀의 어머니는 딸이 어릴 때 탁구에 재능이 있는 것을 발견했다. 자신의 선수 생활을 포기하고 딸을 집중훈련 시켜 중국의 아성을 무너트리겠다는 결심을 한다.

집의 거실에 탁구대를 설치하고 딸이 유치원에서 돌아오면 하루 7시간까지 연습을 시켰다. 악마 훈련을 시작했던 것이다. 보통의 연습 방법으로는 절대 중국을 이길 수 없을 것이라고 생각했기 때문이었다. 그 결과로 키 152cm라는 신체적인 열세에도 본국에서 열리는 올림픽 경기에서 일본 최초로 금메달을 획득하게 된 것이다.

두 사람은 목표를 이루기 위해 하루 7시간 연습이라는 피나는 노력을 하였지만, 이토미마의 연습에 임하는 마음과 자세는 성인이 되어 영어를 공부하는 사람에게 별로 도움이 되지 않는다. 성인들은 젊은 이들처럼 꼭 중국을 이기고 말겠다는 그런 강한 목표의식을 가질 수 없기 때문이다. 반면 임윤찬의 연습에 임하는 마음과 자세에서는 배우고 참고해야 될 점이 많이 있다. 그는 부모가 음악인도 아니었고 또 피아노를 열심히 연습해 꼭 무엇이 되어야겠다는 생각을 한 적도 없었다고 했다. 그냥 음악이 좋았고 피아노 연주가 좋았다. 훌륭한 연주가들의 연주를 들으며 나도 저렇게 연주하고 싶다는 생각을 했다. 이런 마음만으로도 하루에 7시간씩 혼자 좁은 방에서 연습할 수 있었다는 사실은 우리에게 희망이 된다.

성인이 되어 영어 공부를 하면서 가장 힘든 것은 처음 시작할 때의 마음이 목표가 이루어질 때까지 계속 유지되지 않는다는 것이다. 그냥 영어를 잘했으면 좋겠다는 정도의 마음만 가지고는 계속하기가 힘들다.

오래전 일이지만 한국의 유관기관에서 성인이 영어 회화 학원에 얼마 동안 다니는지를 조사한 적이 있다. 평균 한 달 16일이었다. 이는 성인이 되어 영어 공부를 계속하는 것이 얼마나 어려운지를 단적으로 말해주는 것이다. 그러나 미국에서 자녀들과 살아야 하는 우리들은 좀 다를 수 있다. 한국보다는 더 강한 동기를 부여하는 것들이 주변에 많다. 동포사회도 2세와 1.5세의 비율이 점점 높아져 다 같이 영어를 못할 때와는 다르다. 한국어를 배우기 힘든 손자, 손녀들도 늘고 있다. 그들에게 자연스럽게 나의 마음을 전하고 싶다는 생각은 좀 더 현실적이다. 이런 마음은 훌륭한 연주가들처럼 잘하고 싶다는 마음보다 더 절실해질 수 있다. 말하는 영어를 처음 시작할 때 서너 달은 하루 3~4시간씩 집중해서 하고 다음에는 하루 한 시간 정도 계속하는 것이 가장 효과적이다. 공부하다 나는 어학에 소질이 없는 것 같다고 느껴진다면 그건 소질이 아니고 연습을 적게 한 결과이다. 소질보다는 의지의 문제이다. 자기 분야에서 성공한 사람들이 노력하는 과정에서 가졌던 마음과 자세를 통해 무엇을 하겠다는 나의 결심에 도움을 받는 것은 현명한 일이다. 특히 임윤찬의 경우는 더욱 그렇다.

당신이 영어를 못하는
진짜 이유

　지난 2011년 12월 18일, KBS에서 〈당신이 영어를 못하는 진짜 이유〉라는 제목의 프로그램이 방송됐었다. 자발적으로 참여한 실험 대상자(20~50대)들이 영문학 교수 등 영어 전문가 4명의 도움을 받아 영어 공부를 한 후 변화를 알아보는 내용이었다. 한국인은 어느 나라보다 영어 공부를 많이 하지만 영어는 제대로 구사하지 못하는 이유를 밝히기 위해서였다.

　참가자들에게 영어 지문을 주고 읽게 하자 모두 막힘없이 잘 읽었다. 하지만 그림을 보여주고 영어로 설명하라고 하자 모두 어려움을 겪었다. 전문가들이 참가자들의 영어 구사 능력을 평가한 결과 유럽의 영어 능력 분류 기준에서 기초 수준인 A1에 머물렀다. (당시 한국인의

영어 읽기 순위는 평가 대상 157개국 중 35위이고, 말하기 순위는 121위로 하위권이었다)

실험 참가자들에게 중학교 수준의 교재를 나누어 주고 하루에 일정량을 50번 이상 크게 읽게 하고, 한 시간 이상 듣고 받아쓰는 연습을 하게 했다. 실험 기간은 3개월. 3개월 후 참가자들의 영어 구사 능력을 다시 평가한 결과 모두 전에 비해 2.7배 정도나 향상된 것으로 나타났다. 외국인과의 대화 수준도 만족할 만큼 향상됐다.

이 프로그램은 효과적인 회화 공부 방법으로 세 가지를 제시했다.

  첫째, 자주 사용하는 문장들은 크게 읽으며 연습하라.
  둘째, 몸이 기억할 때까지 반복하라.
  셋째, 본인이 관심 있는 내용으로 공부하라.

영어를 기억하는 방법은 서술적 기억과 절차적 기억법이 있는데 서술적 기억은 단어, 문법, 독해 등 영어 학습을 통해 가능하고, 절차적 기억 방법은 말하는 연습을 통해 몸으로 기억하게 하는 것이다. 예를 들면 운동선수가 이론을 공부하는 것은 서술적 기억 방법이고, 직접 운동을 하면서 몸에 익히게 하는 것이 절차적 기억 방법이다. 영어 말하기도 운동과 같아서 절차적 기억 방법으로 연습해야 한다는 결론이었다.

셋째는 중도에 포기하지 않기 위해 관심 있는 분야로 공부하는 것이 효과적이라는 것이다. 일정한 수준이 되면 영어 자체가 좋아져서 포기하지 않게 되지만 그때까지는 스스로 하는 노력이 필요하다. (당시 정부는 학습 위주의 영어 교육에서 말하기 능력을 키우는 영어 교육으로 전환하기 위해 애쓰던 때였다)

그런데 지난 2018년 한 영어 강사가 반론을 제기했다. 즉, 어떤 책으로 어떻게 공부해야 한다는 방법을 제시하지 않았고, 말하기 위해서는 문장을 만들어야 하는데 문법의 중요성을 강조하지 않았다는 것이다.

맞는 주장이다. 성인이 되어 영어를 배울 때는 말을 만들 수 있을 정도의 문장구조는 알아야 한다. 그러나 이건 서로 보완해야 할 문제지 틀린 것은 아니다.

그리고 이것조차도 절차적 기억 방법으로 공부하는 것이 훨씬 효과적이다. 대화체로 되어 있으면서 전 문장구조를 공부할 수 있게 잘 만들어진 교재도 있다. 교재 선택만 보완하면 이 프로그램의 결론은 전적으로 옳고, 또 그렇게 공부하는 것이 가장 효과적이라고 본다.

핀란드 영어 교육이
시사하는 것들

　국민의 영어 구사력에 대해 한국이 가장 관심을 갖고 연구하는 나라가 핀란드일 것이다. 핀란드의 인구는 550만 명 정도인데, 국민의 70% 이상이 영어를 자유롭게 사용한다. 그런데 핀란드어는 유럽의 다른 나라들처럼 영어와 같은 언어 구조가 아니다. 우리와 같은 우랄알타이어군에 속해 영어 배우기가 쉽지도 않다. 그런데 이런 나라가 공교육만으로도 대부분의 국민이 영어를 불편 없이 사용한다고 하니 영어 교육에 많은 돈을 쓰고도 영어 말하기 능력은 하위군에 속하는 한국에서 관심을 갖지 않을 수 없다.

　이런 관심을 반영하듯 이미 한국에서는 핀란드의 영어 교육에 대한 책들이 소개됐고, TV 다큐멘터리로도 방송됐다. 영어 교사 참관단이 핀란드의 학교 수업을 직접 보며, 수업 방법을 연구하기도 했다.

핀란드의 영어 교육 방법은 한인들에게도 도움이 될 것 같아 간략히 소개한다. 핀란드는 초등학교 3학년부터 영어 공부가 시작된다. 학교에서는 말하기 위주로 수업하고, 숙제는 쓰기가 많다고 한다. 특이한 점은 초등학교에서는 외국인 교사가 영어를 가르치지 않는다는 것이다.

한국의 교육방송(EBS)이 한국과 핀란드의 영어 교육을 비교한 것을 보면 목적은 의사소통으로 같다. 하지만 교육 방법은 다르다. 한국 중고교는 문법 위주의 접근 방식으로 시험을 중시했고 핀란드는 말하기 연습 위주로 시험을 위한 공부는 하지 않았다.

한국인에게 '콩글리시'가 있듯, 그들에게도 '핑글리시'라는 특유의 발음이 있다고 한다. 그러나 그들은 이를 전혀 부끄러워하지 않지만 한국인은 이를 부끄러워해 말을 피한다는 게 차이점이다. 이런 특징은 나중에 큰 차이를 만든다.

핀란드에도 영어를 할 줄 알아야 한다는 사회적 분위기가 있다고 한다. 세계시민이 되려면 영어를 해야 한다는 생각을 갖고 있다는 것이다. 특히 사회 시도층 가운데 영어를 못하는 사람은 거의 없다.

하버드 대학에는 "교정에서는 지혜를 키우고, 밖에서는 더 나은 인류, 사회를 위해 봉사하라"라는 문구가 새겨진 문이 있다고 한다. 학교 교육이 대학 입시에 초점이 맞추어져 있고, 치열한 경쟁만 있을 뿐 시민 정신은 제대로 가르치지 않는 한국 교육의 현실을 깊이 성찰해 봐야 한다. 이들이 이끌어 갈 미래사회가 걱정된다면 말이다. 사교육 없이 교육 경쟁력 1위, 학업 성취도 1위, 행복도 1위인 핀란드는 우리가 연구해 볼 가치가 충분한 나라다.

미국에 사는 한인 가운데도 영어 공부의 필요성을 느끼지 못하는 사람들이 많다. 최근에는 교회 문화학교에도 영어 클래스는 없는 곳이 많다. 학생이 없기 때문이다. 1세들이 아예 영어를 포기하고 있는 것이다.

영어 공부가 스트레스받는 일이라는 생각 대신 지력을 높이는 것이라 생각하면 어떨까. 또 취미로 영어 공부를 해보겠다는 발상의 전환은 어떨까. 시도를 안 하면 얻는 것도 없다.

미국식 교육,
불안해하지 말자

 남가주 한국학원이 33년 동안 한인타운에서 운영해 온 윌셔사립초등학교가 등록생 부족으로 문을 닫는다고 한다. 이 일은 어떤 방식으로 2세 교육을 시켜야 한국인으로서의 정체성을 가지고 미국 사회의 책임 있는 구성원으로 자랄 수 있는지를 다시 한번 생각하게 한다.

 20여 년 전 뉴욕의 한 한인교회에서는 교회 내 2세들을 위한 기관 EM의 조직과 운영 문제에 대한 논란이 일었다. 미국에서 교육받은 2세들이 늘면서 그들의 사고와 지향점이 1세 지도자들의 한국적인 신앙관과 자주 충돌을 일으킨 것이다. 오랜 논란 끝에 얻은 결론은 '한 교회 두 회중'이었다. 독립할 때까지 재정은 지원하되 EM을 완전 독립시키기로 한 것이다. 그렇게 결정하게 된 것은 교회가 소속된 화란장

로교회(RCA)의 예가 중요한 역할을 했다.

　미국 건국 초기 RCA교단은 상당한 교세를 가지고 있었다. 우리가 잘 아는 언더우드 박사도 RCA 소속 목사로 한국의 개화에 지대한 공헌을 한 바 있다. 유럽의 전통 기독교 신앙과 화란 전통문화를 중시하던 초기 RCA 지도자들은 2세들을 교회에서 전인교육을 시키기로 결정했다. 신세계의 당시 자유분방한 문화가 마음에 들지 않았던 것이다. 그들은 화란 말을 가르치고 화란 문화를 가르치고 화란 전통 신앙을 강조했다. 결과는 참혹했다. 많은 후손들이 교회를 떠나고 지금은 초창기에 비하면 아주 적은 교세만 유지하고 있다.

　2~3세들에게 1세의 생각과 가치관을 그대로 전수시키는 일은 불가능할뿐더러 그렇게 해서도 안 된다. 자녀교육을 위해 미국에 왔지만 미국 사회 현상에 대하여 마음 한편에 불안함이 있는 것은 사실이다. 이 불안은 한국적인 사고를 지켜야 한다는 믿음 때문에 생기는 것이다. 이런 믿음이 자녀교육에 잘못된 방법으로 간섭할 수 있다.

　필자가 뉴욕에서 SAT 학원을 할 때 한국에서 대입 수학 참고서를 수십 권 쓴 저자를 만난 적이 있다. 그는 한국 수학의 우수성과 강점을 강조했다. 사실이다. 한국인의 두뇌는 백인을 능가하는 세계 최고 수준이다. 한국 수학도 고등학교까지는 세계 수학 경시대회에서 항상 상위권이다. 그러나 수학을 기초로 하는 학문이나 과학을 통해 세계를 변화시키고 세계를 이끌어 가는 일에는 크게 두각을 나타내지 못한다. 이는 한국적인 교육 방법에 문제가 있다고 봐야 한다.

한인 자녀들이 방과 후 학교와 SAT 학원에서 보충 교육을 받은 후 명문 대학에 많이 들어가지만 중도포기율이 40%에 육박한다는 사실은 널리 알려진 일이다. 초등학교 1학년, 수학 교과서가 없는 미국 교육은 어려서부터 학생 스스로 생각하는 힘을 길러주고 많은 독서를 통해 논리적으로 생각하고 스스로 길을 찾도록 도와준다. 이런 미국 교육의 결과가 세계를 변화시키고 이끌어 간다.

미국 교육에 자녀를 맡기고 불안해야 할 이유가 없다. 우리는 2세들이 여가 활동을 통해 한국인의 정체성을 갖고 한국적인 정서를 잃지 않도록 도움을 주면 된다.

한국을 배우고 느낄 수 있는 다양한 프로그램을 통해 건전한 정신을 갖고 훌륭한 미국 시민으로 자랄 수 있도록 도와주는 것이 바람직할 것이다.

생활 영어 공부의 왕도

　수십 년간 하다 말다를 반복하던 영어 공부를 다시 시작하는 사람들이 있다. 오랫동안 영어를 해야겠다고 결심했고 시도했다. 하지만 번번이 실패하고 거의 포기 상태. 불편함을 감수하면서 살았는데 잊었던 옛 기억 때문에 영어 공부를 늦게 다시 시작한 것이다.

　A 씨는 62세로 미국 반도체 회사에서 30여 년 근무했다. 실리콘밸리에 살다 UCLA대학원 연구소로 직장을 옮겼다. LA한인타운 가까운 곳에 살 수 있어 좋아했는데 걱정이 생겼다. 대학원 학생들과 이야기해야 하는 경우가 빈번히 생기는 것이었다.
　젊은 시절 미국 회사에 다니면서도 영어가 약했지만 일이 기술적인 것이어서 근무할 수 있었다. 젊은 시절 카투사에 근무했던 지난 일이 떠올랐다. 누구나 영어 회화를 잘 못하던 시절이었다. 걱정 속에 미군 부대에 도착하자 영어 문장과 한글 해석이 적힌 A4용지 3매를 주었다. 일주일간은 그것만 외우라고 했다. 젊었고 군대여서 외우는 것이 가능했다. 미군이 지시하는 내용은 그 안에 다 있어서 무사히 근무할 수 있었다.

B 씨의 경우는 70대 중반인데 백인이 주로 사는 도시의 우체국에서 근무했다. 정년퇴직하고 LA한인타운 근처로 이사를 왔다. 한국에서 명문고와 대학에서 공부한 후 좋은 직장에 다녔으나 회사가 IMF 직격탄을 맞았다. 할 수 없이 지인이 있는 미국으로 왔다. 비즈니스는 엄두가 나지 않았다. 지인의 권유로 우체국 시험을 보기로 했다.

시험은 자신이 있었다. 필기시험 합격, 인터뷰 불합격을 몇 번 반복했다. 그러나 인터뷰에서 몇 번 떨어지면서 시험관의 질문 방식을 터득했고 다른 사람들의 경우도 참고해서 여러 질문에 대한 답변서를 영문으로 만들었다. 다 암기했다. 다시 시험관 앞에 앉은 그는 당당하게 "당신(시험관)이 묻고 싶은 것을 한꺼번에 말하겠다"고 하자 시험관이 좋다고 했다. 그가 외운 것을 말하자 시험관은 다 끝나기도 전에 중지시키고 합격이라고 말했다. 우체국에서는 업무에 필요한 말만 했다. 틈틈이 생활 영어를 회화책으로 공부했지만 말은 늘지 않았다.

C 씨는 80대 중반인 은퇴 목사였다. 아내가 병원에 입원하면서 영어가 필요했다. 자녀들은 처음 몇 번은 도와주더니 나중에는 남보다 부탁하기가 더 어려웠다. 그는 젊은 시절 열심히 공부한 덕에 군에 가서 미 군사 고문단의 통역관이 되었다. 영어 시험에 합격했지만 말은 되

지 않았다. 고민하다가 밤에 미군 사무실에 들어갔다. 미군들이 주로 사용하는 문장이 기록된 군사 요람이 있었다. 한 권 가지고 와서 외우고 또 외웠다. 군사 요람을 외운 덕에 자리를 지키면서 통역할 수 있었다.

영어 공부에 왕도는 없다. 미련해 보이지만 외우고 또 외우는 수밖에 없다. 자신있게 말할 수 있는 것은 외운 것뿐인 경우가 많다. 흔히들 무슨 일을 반면교사로 삼는다고 한다. 어떤 부정적인 일에서 그 일을 교훈 삼아 가르침이나 깨달음을 얻겠다는 것이다. 수많은 영어 학습 실패담을 반면교사 삼아 큰 동기 부여의 기회로 삼아야 한다.

영어책 한 권이라도
외워보았습니까?

미국 생활에서 풀기 어려운 난제 중 하나가 바로 영어다.

많은 이가 여러 가지 방법을 시도해 보지만 만족할 만한 성과를 올리는 경우는 극히 드물다.

이 난제를 푸는 방법은 생활 영어 정도는 할 수 있도록 노력하는 길뿐이다. 그리고 이 방법은 그리 어렵지 않다. 마침 영어 문제 해결에 매우 좋은 방법을 제시하는 책이 지난해 한국에서 출간됐기에 소개한다.

책 제목은 《영어책 한 권 외워봤니?》다. 상당히 도발적인 제목의 이 책은 MBC PD인 김민식 씨가 지었다. 발간된 지 불과 몇 달 만에 13만

부가 팔렸다고 한다.

저자는 전혀 불가능할 것 같은 상황에서 영어 공부를 시작해 통역까지 할 수 있게 된 사람이다.

그는 대학교 2학년까지는 그냥 '루저'였다고 한다. 호감형이 아닌 외모에 전공은 할 수 없이 들어갔다는 H 대학의 광산학과였다. 2학년까지 열 번의 소개팅에서 완패한 뒤, 장래를 생각했다. 그리고 결심했다. 남들보다 잘하는 것 하나는 있어야겠다고. 그는 영어 회화를 택했다. 영어 회화를 잘하는 이가 드문 시대였다. 연애를 하기 위해선 독서를 통해 실력과 언변을 쌓아 부족한 외모를 보충하기로 했다.

2학년 때, 방위병으로 군 생활을 시작하면서 하루 열 문장씩 외웠다. 열 문장을 외우고 그다음 날은 전날 외운 것까지 합해 20개 문장을 외우는 방식을 썼다. 지하철을 탈 때도, 걸을 때도, 누군가를 기다릴 때도, 영어 문장을 외우고 또 외웠다.

고시원에서 공부할 때는 청계천을 뒤져 고물 TV를 한 대 사서 주한 미군 방송을 봤다. TV가 귀하던 시절, 스포츠 중계가 있을 때마다 주위 학생들이 몰려들자 미군 방송만 시청할 수 있도록 채널을 고정시켜 버렸다.

다들 "독한 놈"이라고 욕했지만 오직 장래의 성공만을 생각했다.

책은 1년에 200권씩 읽었다. 졸업한 지 얼마 후, 외국어대학교 통역

대학원에 진학했다. 엄청난 독서량 덕분에 여러 분야에서 전문가 수준이 된 그는 대학원 시절, 연애를 하고 결혼했다.

영어를 마스터한 배짱으로 800대 1의 경쟁률을 뚫고 MBC 방송국의 PD가 됐다.

지금은 김민식 씨의 성공 사례가 널리 알려져 관공서, 기업체 등 다양한 곳에서 강연을 하며 매우 성공적인 삶을 영위하고 있다. 영어 때문에 고민하는 이들을 보면 김 PD의 책 제목으로 조언하고 싶다. "영어책 한 권이라도 외워봤습니까"라고 말이다.

반복 학습에 대한
이야기들

어느 큰 교회의 목사가 주일예배 중 성가대 찬양이 끝나자 설교를 시작하면서 얘기했다. "성가대가 은혜로운 찬양을 매주 바꾸어 가면서 하는데, 교인들이 처음 듣는 찬양에 얼마나 은혜를 받는지 모르겠다. 같은 찬양을 4주씩 반복해서 들으면 더 마음에 감동을 느끼지 않을까 하는 생각이 든다. 설교도 매주 다르게 하는데 교인들이 잘 이해하고 설교를 통해 마음에 변화를 이끌어 내고 있는지에 대해 의구심이 든다. 같은 설교를 4주씩 하면 더 잘 이해하고 마음속 깊이 받아들일 것 같은 생각이 든다. 물론 이런 일은 절대 일어날 수 없다는 것을 잘 안다"라며 말을 맺었다. 사람이 익숙한 것에 더 이끌리고 빨리 반응한다는 것을 생각하면, 같은 찬양을 네 번 정도 듣게 하는 것이 좋은 방법이 될 수 있을 것이다. 누구나 새로운 멜로디보다는 익숙한 곡에 더 마음이 끌리는 것은 경험상 다 아는 이치이다.

설교도 마찬가지다. 기독교 2,000년, 수많은 교회에서 매주 새로운 설교가 선포되지만, 기독교적인 가치가 세상을 이끌어 가기는커녕, 교회까지도 세상의 가치에 의해 많이 오염되어 있는 현실을 생각하면 교인들의 학습 방법을 바꾸어 보는 것이 한 방법이 될 수 있을 것이다.

신의 세계는 무한해서 매일 새로운 설교도 가능하겠으나 인간의 인식범위는 한계가 있으니, 교육 방법을 더 단순화해서 어느 정도 반복 학습 한다면 더 효과가 있을 수도 있겠다. (목회자들도 매주 새로운 설교를 준비하는 것보다 한 설교로 몇 주씩 한다면 교인들 마음속 깊은 곳에 감동을 주고 마음의 변화를 이끌어 낼 수 있는 설교를 준비하면서 자신을 깊이 성찰할 수 있는 시간도 가질 수 있을 것이다)

(오랫동안 계속된 방법이 효과가 없다면, 그것이 성경의 내용이 아닌 한, 바꾸어 보는 것이 불가능한 것은 아닐 것 같다)

수년 전 대구에서 유치원을 여러 개 운영하는 젊은이가 자녀교육을 위해 미국에 왔다. 영주권을 신청하고, 대기 기간에 영어 공부 하러 온 적이 있었다. 그는 내가 컴퓨터에 서툰 것을 알고, 여러 유치원에 컴퓨터가 많다 보니 컴퓨터에 달인이 되었다며 가르쳐 주겠다고 자청했다. 때가 되면 한국에 돌아가야 한다며 4개월 동안 많은 양을 가르쳐 주었다. 노트에 적어가면서 배웠지만 지금은 아무것도 하지 못한다. 흥미를 가지고 연습하지 못할 바에는 그때 몇 가지만 반복해서 배웠으면, 중요한 몇 가지는 달인이 되었을 텐데. 못내 아쉽기만 하다.

O.C 남부, Mission Viejo에서 40대 부부가 저녁반에 영어 공부를 하러 왔다. 가드너 일을 한다고 했다. 먼 거리이고 부부가 함께 일하니 피곤함에도 불구하고 저녁에 공부하러 온 연유가 있었다. 영어를 잘

하면 비즈니스 확장에 도움이 될 것 같아 부부가 함께 노력했으나 잘 되지 않았다. 그때 이웃에 이사 온 젊은이가 영어를 꽤 잘했다. 어떻게 공부했느냐고 묻자 그가 대답했다. 한국에서 대학을 마치고 영국에 유학을 갔는데 학교에서 만나는 학생들에게 인사를 하려니 "Nice to meet you"라는 말이 안 나왔다고 한다. 모르는 말도 아닌데, 고민 끝에 그는 집에서 거울을 보며 크게 "Nice to meet you"를 300번 외쳤다. 그 후 자연스럽게 영국 학생들에게 인사하게 되었다. 이때부터 같은 방법으로 영어 공부를 해 말을 하게 되었다고 했다. 부부가 집에서 같은 방법으로 공부하다가 한계가 있어, 학원에 오게 되었다고 했다. 어느 분야에서는 반복 학습이 정말 효과가 있다.

넘치는 교육열이
문제다

한국이 좋지 않은 일에서 세계 제일인 것이 몇 가지 있다. 그중의 하나가 자살률이다. 65세 이상의 자살률은 13년째 부동의 1위이고 중고생의 자살률 또한 세계 1위라고 한다. 학생들의 자살 원인 중 가장 큰 것은 성적 문제였다. 다음이 우울감과 가정 내 갈등인데 그 또한 성적과 관련이 많았다.

사회의 지나친 경쟁의식, 성적 우선주의, 부모의 지나친 산섭 등이 학생들을 자살로 몰아가는 것 같다. 미주 한인 사회도 자녀교육 방법에서 경쟁 우선, 성적 우선, 부모의 지나친 간섭 등 한국의 부정적인 면을 많이 닮아가는 것 같다. 미국에서 중고등학교 때부터 대학 진학을 위해 부모들이 무리하는 것이 과연 옳은 일일까? 아이 셋을 미국서

키워본 내 경험으로는 '아니다'이다.

미국은 좋은 중고교를 가는 것보다 대학과 대학원이 더 중요하다. 좋은 대학에 가기 위해 특수학교에 가는 것은 득보다 실이 더 클 수 있다. 물론 아주 뛰어난 학생은 특수학교에 가서 양질의 교육을 받는 것이 좋지만 무리하게 시험공부를 많이 해서 들어가는 것은 생각해 봐야 한다.

20여 년 전 우리 아이들도 뉴욕에서 특수학교 시험에 응시해 모두 합격했다. 그러나 학교가 집에서 너무 멀었다. 의논한 결과 집 가까이에 있는 공립고등학교에 진학하기로 했다. 공립학교에는 모두 우수반이 있었다. 결과는 세 아이 모두 아이비리그 대학에 입학하고 제때 졸업했다. 당시 특수고등학교에 입학했던 한인 자녀의 대다수는 아이비리그 대학에 진학하지 못했다. 왜 그랬을까?

좋은 대학에 지원하는 학생들은 어느 고등학교에서 공부해도 SAT 성적을 잘 받을 수 있다. 성적 외에 좋은 대학에서 중요시하는 것은 학교 내 활동, 교사 추천서, 봉사활동, 에세이 등이 있다. 우수한 학생들이 모여 있는 특수학교에서 여간 우수한 학생이 아니라면 교사의 특별한 관심을 받고 학내 활동에서 '리더'가 되기란 쉽지 않다. 자신이 얼마나 발전할 수 있는 학생인지 보여줄 기회가 많지 않다. 학업성적에 쫓겨서 독서를 많이 하지 못하면 좋은 에세이 쓰기도 힘들다.

특수학교 학생들은 성적이 뛰어나지만 미국의 좋은 대학은 성적만 보고 한 고등학교에서 많은 학생들을 뽑지는 않는 것 같다. 또 특수학교에는 아시아권 학생들이 너무 많다. 자녀들은 앞으로 미국인들과 어울려 살아야 하는데 중고 시절부터 아시아권 학생들과 주로 어울린다면 대학 생활에서 갈등을 겪을 수 있다.

내 아이가 아주 우수해서 특수학교에 스스로 갈 수 있는 학생이 아니라면, 또 좋은 중고교가 최종목표가 아니라면, 부모가 너무 나서는 것은 자제하는 것이 좋을 것 같다. 지나친 한국의 교육열이 미국에까지 오는 것은 바람직한 현상이 아니다.

생활 영어 코드
익히면 더 쉽다

어릴 적부터 교회에 다니던 K는 찬송하는 것을 좋아했다. 커가면서 당연히 학생부 성가대에 들어가고 싶었다. 음정 테스트 결과 성가대에 들어갈 수가 있었다. 음악을 좋아하던 그는 궁리 끝에 교회 피아노를 가지고 반주하는 것을 배우기 시작했다. 혼자서 찬송가 악보를 보고 따라 하는 연습이었다. 오랜 시간이 지나자 빠르지 않은 곡은 4부로 반주할 수 있게 되었다. 이런 방법으로 연습한 결과 악보가 있으면 반주할 수 있지만 악보가 없거나 악보에 멜로디만 있으면 반주할 수가 없었다. 주변에 물어볼 사람도 없었다. 더 발전이 없으니 차츰 흥미를 잃게 되었다. 그가 찬송가 반주를 위한 코드가 있다는 것을 안 것은 수십 년이 지나서였다. 처음부터 코드를 알고 연습을 했으면 어땠을까? 그동안의 연습 시간을 생각하니 헛헛한 웃음이 나왔다. 생활 영어에도 음악의 반주를 위한 코드처럼 영어 말하기 연습을 위한 코드가 있을까? 음악처럼 100% 완벽한 코드는 아닐지라도 90% 근접하는 코드는 있다고 생각한다. 영어 구사 능력이 다른 나라에 비해 현저히 떨어지는 한국이지만 영어 공부 방법은 백가 장명식으로 홍수처럼 쏟아져 나온다. 잘못 선택하거나 이것저것 섭렵하다 보면 수십 년 공부하고도 K의 찬송가 반주 실력처럼 절름발이가 될 수 있다. K의 올바른 연습방법을 몰라서 절름발이 반주 실력을 갖게 되었지만 지금 영어는 공부 방법이 너무 많아서 생활 영어를 위한 옳은 방법을 선택하기가 쉽지 않다. 여기에 음악의 코드처럼 생활 영어를 익히기 위한 코드에 근접한 방법을 소개하려고 한다. 성신여자대학교의 문단열 교수가 지은 《말 못하는 영어는 가짜 영어다》이다.

그는 연세대학교 신학과를 졸업한 후 여러 방송과 학원 그리고 대학에서 영어를 가르쳤다. 그가 대학에 입학한 직후 한 여학생이 지나치며 묘하게 웃고 지나갔다. 전혀 모르는 학생인데 이상해서 쫓아가 물었다. 왜 그렇게 웃느냐고, 여학생이 대답했다. 대전에서 고등학교 다닐 때 여러 번 서로 길에서 지나쳤는데 항상 땅을 보며 중얼중얼하며 다녀 약간 맛이 간 학생으로 알았다는 것이다. 그가 얼마나 열심히 영어 공부를 했는지를 알 수 있는 일화다. 그의 치열한 영어 공부 경험과 수십 년의 영어 교육 경험을 기초로 해서 만들어진 책이니 신뢰할 수 있을 것이다. 이 책에서 그는 3S를 가지고 공부해야 말할 수 있다고 주장했다.

Sound(소리), Situation(상황), Structure(문장구조)다. 소리를 내어 공부해야 한다는 것은 생활 영어 공부에서 필수다. 눈과 귀로도 공부하지만 말하기 위해서는 소리를 내어 연습하며 공부하는 것이 먼저이고 더 중요하다. 이는 우리의 지난 과거가 충분히 증명하는 일이다. '상황'은 말은 상대방이 있고 대화하는 내용이 있기 때문에 어떤 상황으로 구성된 내용으로 실제 대화하는 것처럼 연습해야 한다는 것이다. 1인 2역을 한다고 생각하고 연습해도 효과가 있다. '문장구조'의 이해는 말(문장)을 이해하는 능력이고 말(문장)을 만들 수 있는 능력이다. 이것 없이는 말할 수 없다. 한국 학교에서 공부하는 시험을 보기 위한 문법이 아니고 문장을 이해하고 만들 수만 있으면 된다. 이 세 가지는 한꺼번에 연습해야 효과가 있다. 따로따로 공부해서는 말로 연결되지 않는다. 이 방법이 생활 영어를 공부하기 위한 중요한 코드 중의 하나다.

영어, 반복 연습만 한 스승 없다

벌써 2월이다. 기해년, 새해를 시작하면서 많은 분들이 올해에는 무언가를 꼭 해야겠다고 많은 결심을 했을 것이다. 그중에 영어를 꼭 해야겠다고 결심한 분들도 많을 것이다. 생활 영어는 어떻게 해야 잘할 수 있을까? 손자는 "지피지기면 백전불태"라고 했다. 생활 영어도 올바른 공부 방법을 아는 것이 중요하다.

한국의 대표적인 생활 영어 강사가 성인 학생들을 가르치면서 미국에서는 4~5세 되는 어린이들도 학교에 가면 몇 달 만에 영어를 말하기 시작한다, 어린애들도 하는 영어를 여러분들은 살아온 세월이 얼만데 더 빨리하지 않겠느냐고 하자 학생들이 와! 하고 웃었다. 이 말은 학생들에게 용기를 주기 위해서는 효과가 있겠지만 사실과는 다르다.

언어학자들에 의하면 인간이 언어를 듣는 대로 똑같이 따라 말하며 배울 수 있는 임계연령은 12~13세라고 한다. 그래서 어린이들이 미국에 처음 와서 학교에 가면 빨리 말하기 시작하는 것이다.

교사인 한 지인의 딸은 아들을 낳은 후 중국인 시부모가 오면 중국말로 손자와 얘기하게 하고 친정 부모가 오면 한국어로 얘기해 달라고 부탁한다. 자신은 영어로 아기와 얘기하고 히스패닉 부모에게는 스페인어로 얘기하라고 부탁한다. 아직 말을 시작하지 못한 아이의 잠재의식 속에 여러 언어와 익숙하게 하려고 하는 것이다.

이는 성인들에게는 절대 불가능한 일이다. 임계연령이 지나 한 가지 모국어가 뇌에 고착된 다음에 외국어를 공부하기 위해서는 전혀 다른 방법으로 연습하는 과정을 거쳐야 한다. 그래서 위의 강사도 한 문장을 100번씩 읽으라고 말했다. 일상생활에서 사용하는 영어 문장은 비교적 쉽다. 문제는 내가 말할 수 있게 영어 문장을 우리 뇌가 기억하게 하는 일이다. 이는 반복해서 연습하는 것이 가장 효과적이다. 그러나 가장 쉬운 방법인 이것을 매년 결심하지만 잘 안된다.

새해 결심이 잘 지켜지지 않는 것은 미국인들도 마찬가지인 모양이다. 한국인이 좋아하는 만화《블론디(Blondie)》의 이야기다. 새해 아침 범스테드 대그우드가 가족들을 불러 모아 새해 결심을 얘기한다. 가족들에게 냉장고 문에 크게 써 붙인 "건강한 음식을 먹자"라는 사인을 보여주며 이제부터 이 결심을 지키겠다고 선언한다. 냉장고 문을 열자 같은 사인이 또 붙어 있다. 계속 기억하기 위해서라며 굳은 결의를 나타낸다. 100달러짜리 지폐를 보여주며 내가 만약 약속을 어기면 한

장씩 나누어 주겠다고까지 했다. 그때 아내 블론디가 "당신이 긴 빵에 넣으려고 만들어 놓은 미트볼(Meatball)은 어떻게 하느냐?"고 묻자 잠깐 고민하다 결심을 포기한다. 100달러씩 받아 든 딸과 아들이 신나게 집을 나서며 "아빠가 매년 새해 결심을 하면 좋겠다"고 하며 만화가 끝난다.

올해는 무엇을 해야겠다고 결심한 분들, 특히 영어를 꼭 해야겠다고 결심한 분들은 올해는 절대 대그우드를 닮지 마시길!

영어가
꼭 필요한 사람

영어 회화 공부를 계속하게 하는 힘은 어디서 오는 것일까?

한국은 학교에서 영어 교육을 많이 하고 영어 학원도 많은 나라임에도 불구하고 실제 한국인의 영어 구사 능력은 다른 나라에 비해 많이 떨어진다고 한다.

그래서 정부 기관에서는 수많은 영어 학원에서 성인들이 영어 회화 교육을 얼마나 받는지를 조사했다. 평균 1개월 16일이었다. 한 달 16일에 영어를 완성할 리는 없고 아마 나는 안 되겠다고 포기하는 데 걸린 시간일 것이다. 끈기가 없는 것이다. 성인들이 이 끈기를 갖기 위해서는 영어가 '꼭 필요한 이유'가 필요하다.

P 씨는 미국에 온 지 6개월째 훈련원에 왔다. 50대의 건장한 그는 하고 싶은 비즈니스가 있는데 영어가 꼭 필요한 일이어서 왔다고 했다. 사실 미국에서 사업을 하는 데 꼭 영어를 잘할 필요는 없다. 영어를 잘하면 좋겠지만 서로 필요한 분야에서는 단어만 가지고도 말을 만들어 의사소통이 된다. 미국에서 2~3년만 살면 어떤 비즈니스도 할 수 있는 방법을 습득한다.

그는 훈련원에 등록하고 공부를 시작했다. 약간의 설명을 들은 후 교재를 보며 CD를 듣고 다 같이 크게 읽기 연습을 하는 수업에서 남과 같이 읽질 못했다. 긴 문장이 아닌데도 다른 사람보다 조금 늦게 끝냈다.

그의 강점은 수십 명의 학생들이 다 끝났는데도 혼자서 끝까지 한다는 것이었다. 배짱이 두둑했다.

그는 수업이 끝나고 돌아가면서 꼭 내게 와 전날 배운 것을 다 잊어버렸다고 꼭 한마디 하고 돌아갔다. 그래서 며칠 지난 후 그에게 물었다. "집에서 내가 권하는 양을 반복 연습 하느냐?" "안 한다" "시간이 없느냐?" "시간이 많다" "그럼 왜 안 하느냐?" "책 펴기가 싫다" "집에서 반복 연습 안 하면 절대 3개월 후 말할 수 없다. 내가 권하는 대로 하겠느냐" "하겠다".

오후 수업에 오는 그에게 수업 후 저녁 반 수업까지 2시간 30분 동안 학원 건물 주차장에서 반복 연습을 하고 똑같은 과정의 저녁 수업을 한 번 더 하고 가라고 했다. 꼭 영어가 필요했던 그는 그렇게 했다.

3주 정도 지나자 읽기 연습 시간을 남보다 일찍 끝내기 시작했다. 영어는 리듬이 중요하니 남과 같이 하라고 권했다. 훈련을 마치기 며칠 전 영어로 학생들에게 인사 한번 해보고 싶다고 했다. 하지 말라고 했다. 한인 성인들은 남과 비교되는 것을 아주 싫어하기 때문이었다.

  훈련이 끝나서 헤어진 후 두어 달 정도 지나 전화가 왔다. 인사를 교환한 후 지금 보스턴에 있다고 했다. 훈련 후 영어에 자신이 생겨 대형 화물 운송 차량을 구입해서 미국 전역에 화물을 운반하는 일을 한다고 했다. 그동안 애틀랜타에 한 번 다녀왔고 두 번째로 보스턴에 와서 화물을 인계한 후 식당에서 식사를 하면서 생각이 나서 전화한다고 고맙다고 인사했다.
  그는 하고 싶은 일을 꼭 해야겠다는 강한 욕구가 있었기에 하루 6시간 이상 반복 연습 할 수 있었고 3개월 만에 영어가 가능하게 되었던 것이다. 영어가 '꼭 필요한 이유'는 누구나 스스로 만들 수 있을 것이다.

영어 말문이 트인
어떤 목사님

　미국에 살면서 노력해도 생활 영어 공부가 잘되지 않는 이유는 두 가지인 것 같다. '강제성'이 없다는 것과 '아주 급박하지' 않다는 것이다. 생활 영어는 범위가 좁은 대신 짧은 시간에 집중적으로 연습하는 것이 가장 효과적인데, 성인들에게는 집중적으로 할 수 있게 강제할 방법이 없다. 미국에 살면서 영어를 해야지 하는 정도의 이유는 집중적으로 해야 할 만큼 강한 동기유발의 역할을 하지 못한다.

　어느 생활 영어 강사가 학생들에게 영어를 잘 말할 수 있게 하고 싶어서 매일 숙제를 내주고 충분히 연습하게 한 후 다음 날 학생들 앞에서 암기하게 했다. 그렇게 해야 가장 효과가 있기 때문이었다. 예외 없이 모두에게 시행하자 수십 명의 학생들이 슬슬 빠져나가더니 3주 후에는 3~4명만 남았다.

외부에서 성인들에게 영어 공부 하도록 강제할 수 없다면 스스로 마음을 강제할 수밖에 없다. 한국의 K 씨는 해외 선교가 자신의 소명이라고 생각하는 20대 후반의 목사였다. 기회가 되면 영어 회화 공부를 하려고 마음먹었다. 당시는 한국인 해외 선교사가 거의 없었고 외국에 선교사로 나가려면 영어는 꼭 해야 하는 줄 알던 때였다. 영어 실력은 간혹 미국인 선교사를 만나면 인사 후 다음 말을 이을 수 없어서 피하는 수준이었다. 언젠가 영어를 꼭 해야지 하고 생각하던 중 일하던 교회에서 사임하게 되었다.

백수가 된 상황에서 이때 영어 공부를 제대로 해야겠다고 생각했다. 살고 있던 아파트 근처에 영어 회화 학원이 있었다. 6개월 수강료를 내고 등록했다. 다음 날 첫 수업에 참석한 그는 경악했다. 모두가 중학생이었다. 그만두어야겠다고 생각하고 등록증을 유심히 살펴봤다. 지급된 수강료는 일체 반환하지 않는다고 적혀 있었다. 공부하기로 했다. 좀 황당한 수업 방법도 이유가 있어서겠지라고 생각하며 중학교 1학년 책부터 공부하는데, 다음 날은 전날 공부한 내용을 모두 외워 와서 한 명씩 일어나서 외우라고 했다. 내용이 쉽기도 했지만 혼자 열외가 될 수 없어 이후부터는 전날 배운 것을 하루 종일 외웠다. 중학생들과 인정 없이 보이는 여선생 앞에서 실수할 수는 없었다. 5개월이 지나자 중학교 1, 2, 3학년 책 모두를 외웠다.

그때 임지가 나타나서 학원을 그만두게 됐다. 영어 회화 실력을 확인해 볼 기회도 없었다. 새 교회에서 시무 중에 미국인 선교사와 차에 동승하게 되었다. 평소처럼 인사 후 외면했다. 시간이 좀 지나 이상하게 이야기해 보고 싶다는 생각이 들어 말문을 텄다. 영어로 30분가량 이야기를 할 수 있었다.

최근 신문 보도를 보면 양향자 국가공무원 인재개발원장은 여상 출신으로, 삼성 반도체에 연구원 보조로 들어가 책상 닦기 등의 일로 사회생활을 시작했다고 한다. 연구원이 되고 싶던 그녀는 연구원들이 일본어로 된 반도체 논문을 이해하지 못해 난감해하는 것을 본 후 3개월 동안 일본어를 '죽도록 공부해서' 논문을 해석해 주었다. 이것이 시발점이 되어 삼성 고위 임원이 됐고, 현 위치에 올랐다.
  위 두 사람의 경우가 스스로 마음을 강제해서 목표를 이룬 경우일 것이다.

내 나이가 어때서
하지만 말고

'내 나이가 어때서 하다가'는 최근 한국 신문에 보도된 고령자 운전 사고에 대한 기사에서 사용한 제목이다. 신문은 2017년 고령 운전자가 낸 사고가 2만 6,000건으로 해마다 증가하고 있다고 했다.

신문은 가끔 연장자 운전의 문제점을 보도하며 사회를 문제화하는데, 사실 통계를 자세히 들여다보면 그렇지 않다. 통계청 발표를 보면 2017년 한국의 65세 이상 인구는 738만 명으로 전체 인구의 14% 이상이다. 그러나 2017년 전체 교통사고 22만 건 중 65세 이상의 사고 건수는 12%가 되지 않는다.

요즘 연장자들의 향상된 건강상태나 인지능력, 활발한 사회활동을 볼 때 지나친 기우로 연장자들의 운전을 염려하는 사회 분위기를 만드는 것은 바람직하지 않은 것 같다. 나이가 들면 돌발 상황에 대처하는 능력은 다소 떨어질 수 있으나 난폭 운전이나 과속, 음주 운전은 거의 하지 않기 때문에 더 안전한 측면도 있다.

또 연장자들의 사회적응 능력이 젊은이들 못지않다는 것이 여러 연구조사로 밝혀진 것도 많다. 세대별 사회적응 능력 검사를 인지능력 공감 능력 등 일곱 가지 유형으로 조사한 결과 20~30대가 우수한 것은 두 가지이고 40~70대가 우수한 것이 다섯 가지였다는 것은 널리 알려진 사실이다. 최근 미국의 비즈니스 인사이스더도 인간 능력이 정점에 도달하는 시기를 발표했는데 삶의 만족도는 69세, 어휘력의 점검은 71세, 신체적 행복도는 74세, 심리적 행복감은 82세라고 발표했다.

실제로 이러한 사실을 증명하는 것들은 주변에서 많이 볼 수 있다.

K 씨의 경우도 한 예다.
그는 96세지만 아직도 건강하고 운전을 한다. 작년에 5년짜리 면허증도 재발급받았다. 그를 알게 된 것은 그가 90세 되던 해였다. 영어 회화를 공부하는 수강생이었는데 어느 날 여러 학생들 앞에서 허리를 굽혀 깍듯이 인사했다. 의아하게 쳐다보자 활짝 웃은 얼굴로 선생님 덕분에 90세 생일을 축하하기 위해 전 세계에서 모인 수십 명의 자손들 앞에서 20여 분 영어로 감사 인사와 당부의 말을 할 수 있었다고 했다. 학생들이 깜짝 놀랐다. 깨끗하고 단정한 모습 때문에 누구도 그의 나이가 그렇게까지 되는 줄 몰랐다. 90세에 프리웨이 운전까지 하는 그에게 시간을 내어 건강에 대한 이야기를 해달라고 부탁했다.

그는 젊은 시절 일본에서 공부했고 50대에 LA시청에 들어가 18년 근무하고 정년퇴직했다. 70대 초반에 대장암 수술을 받은 후 항암치료를 한번 받고 이러다 죽겠다는 생각이 들었다. 혼자 일본어로 된 건강 서적 등을 챙겨 하와이로 갔다. 6개월 동안 호텔에 숙박하며 자연치료를 했다. 생활 태도를 완전히 바꾼 후 완쾌됐다.

그가 말했다. "건강이건 영어건 옳은 방법이라고 생각하면 매일 꾸준히 계속하는 것이 비결이다".

나이가 들어 욕심을 버리면 많은 것에서 자유로워진다. 나이를 먹는다는 것을 단순히 세월만 보내는 것이 아니라 다시 자신을 만들어 가는 기회로 삼을 수 있다. 노력에 따라 건강하게 젊은이들의 걱정이 되지 않는 삶을 살 수 있을 것이다.

95세에
영어 공부를 시작한 박사님

　호서대학교 설립자이자 명예총장인 강석규 박사가 103세에 노환으로 별세하면서, 그가 95세 때 쓴, 〈어느 95세 어른의 수기〉라는 글이 새삼 화제가 되었다. 그는 65세 은퇴할 때까지는 대학을 설립하고, 총장이 되고, 또 여러 가지 육영 사업을 통해 사회에 공헌하며 성공적인 삶을 살았다. 그러나 은퇴 후의 삶은 덤이라 생각하고 허송세월했다. 그러다 95세가 되었을 때 의미 없이 산, 은퇴 후의 30년이 너무 후회스러워 이제부터라도 다시 어학 공부를 시작하겠다고 결심했다. "105세가 되었을 때 다시 후회하지 않기 위해서"라고 그는 수기에서 밝혔다.
　몇 년 전 일본에서도 어느 노인이 90세 때 은퇴 후 계획 없이 산 30년을 후회하며 은퇴 후의 삶을 다시 계획해야 한다는 책을 써서 여러 사람의 공감을 받은 바 있다. 그 역시 60세까지는 누구보다 성공적인 삶을 살았는데, 은퇴 후 그렇게 오래 살 줄 모르고 아무런 대책 없이 보낸 시간을 너무 아쉬워했다.

미국에서도 어떤 사람이 은퇴 후에 삶의 보람을 느끼는가를 수십 년간 추적 조사 한 연구가 있었다. 이에 따르면 두 번째로 만족도가 높았던 사람은 은퇴 변호사로, 80세에 피아노를 배우기 시작해 작은 연주회를 열었던 사람이었다.

은퇴 후 여러 가지 할 일이 있겠지만 새로운 것을 배우고, 혹은 약간 부족하게 배운 것을 다시 완성시켜 가는 성취감이야말로 삶에 큰 활력을 준다. 강석규 박사가 95세에 영어를 배우기로 결심한 것처럼 어학에 도전하는 일은 나이 들어 시도해 볼 만한 가장 중요한 일 중의 하나인 것 같다. 왜냐하면 스웨덴의 노벨재단 산하 뇌 연구소에서 치매 예방을 연구하기 위해 기억력에 관한 조사를 했는데, 여러 참가 그룹 중 외국어를 크게 외치게 한 그룹의 뇌가 가장 활성화된다는 것이 뇌 단층촬영으로 발견이 되었기 때문이다.

미국 생활은 여러 분야에서 영어가 필요하다. 영어를 공부하는 일이 미국 생활을 보다 다채롭게 할 뿐 아니라 점점 기능이 떨어져 가는 뇌도 활성화시킬 수 있다고 하니 나이 드신 어르신들도 포기하지 말고 지금이라도 다시 도전해 보면 어떨까 싶다.

엄마는 영어도 못하면서 어떻게 살았어요?

작심삼일이라는 말이 있다. 누군가 무엇을 결심하면 그것을 지키기가 얼마나 어려운지를 말해주는 사자성어이다. 그럼에도 우리는 매해, 새해 결심을 한다. 해야 할 일과 하고 싶은 일들이 그만큼 많기 때문이다.

2월도 거의 다 가고 이제 곧 3월이다. 지난 연초 굳게 다짐했던 새해 결심들이 어떻게 되고 있는지 확인해 봐야 할 시점이다. 무슨 결심을 했는지조차 희미하거나, 겸연쩍은 마음에 생각조차 하기 싫더라도 그렇게 자괴감을 가질 필요는 없다. 다른 사람들도 다 마찬가지니까. 이 순간 다시 결심하고 다시 시작하면 그것이 남과 다른 점이 될 것이다.

매해, 새해가 되면 여러 가지 결심을 하지만 그중에 빠지지 않는 것이 금년에는 영어 공부를 꼭 하겠다는 것이다. 물론 이 결심도 다른 것들과 마찬가지로 잘 지켜지지 않는다. 1세 이민자들이 영어 공부를 하기 힘든 것은 막연하게 영어 공부를 해야 한다는 생각은 들지만 확실하고 뚜렷한 동기부여가 안 되기 때문이다. 또 영어를 한 후 얻어지는 보상도 막연하다. 영어를 하면 좋은 줄은 알지만 확실하게 손에 잡히지 않는 보상 때문에 공부하면서 겪어야 할 여러 어려움을 감수하기보다는 지금의 익숙하고 편한 생활이 계속되기를 원하는 것이다.

나에게 확실한 동기부여의 기회가 없다면 남의 경우를 들여다보는 것도 도움이 된다. 다른 사람에게 일어난 일은 언제든지 나에게도 일어날 수 있기 때문이다.

50대 초반의 K 씨는 미국에서 태어난 아들이 UC버클리를 졸업하고 한글도 배울 겸 한국에 가서 1년 공부하고 다시 돌아와 직업을 구하겠다고 하자 흔쾌히 동의했다. 아들이 더듬거리는 한국말도 익히고 무엇보다도 한국의 예절을 배울 수 있을 것이라 기대했다.

아들이 떠난 후 석 달쯤 되었을 때 어떻게 지내는지 궁금해서 한국으로 갔다. 반갑게 어머니를 맞은 아들은 공항에서 집으로 오는 차 안에서 어머니의 손을 잡으며 이렇게 말했다. "엄마가 놀라워요. 나는 한국에서 석 달 사는 데도 한국말이 서툴러서 지내기가 이렇게 힘들었는데 엄마는 영어도 못하면서 어떻게 수십 년 동안 비즈니스도 하고 우리를 공부시킬 수 있었는지 신기해요" 그러면서 아들은 연민이 가득한 눈으로 엄마를 쳐다봤다.

K 씨는 이것이 칭찬인지 무엇인지 몰라 한동안 멍했다. 그리고 부끄러웠다. 그동안 한 번도 보여주지 않았던 자식의 속마음을 읽은 것 같아 씁쓸하기도 했다. 그 오랜 세월 미국에 살면서 제대로 영어도 배우지 않고 무엇 했느냐는 질책으로 들렸기 때문이다.

'그래, 이번에는 꼭 영어 공부를 다시 시작하자' K 씨는 그동안 수없이 했던 결심을 또 했다. 매일 생각하고 결심하고 매일 다시 시작해야, 결심했던 목표를 이룰 수가 있다.

아이비리그 아버지의
대학준비 조언

자녀교육은 모든 이민자들의 공통된 관심사다. 미국을 향하는 사람들의 마음 한구석에는 자녀에게 더 좋은 교육을 시키겠다는 꿈이 있다. 그래서 뉴욕이나 LA에서 개최되는 대입 관련 세미나는 항상 많은 인파로 북적인다. 새롭고 더 좋은 정보를 얻기 위한 부모들의 뜨거운 관심 탓이다.

시대에 따라 대입 시험 제도와 선발 방식은 늘 바뀌어 왔지만 명문 대학이 원하는 학생의 기준은 크게 달라지지 않은 것 같다. 나는 뉴욕에서 SAT 학원을 운영했고, 세 자녀 모두 아이비리그 대학을 졸업시켰다. 그 과정에서 경험한 몇 가지를 나누고자 한다.

우선 동부 명문 대학들은 SAT 성적은 웬만큼 되는 학생들이 모인다. 문제는 독서다. 꾸준한 독서로 실력을 쌓은 학생은 대학 생활도 어렵지 않게 해나갈 수 있지만 학원에만 의지해 단기간에 성적을 올린 학생은 입학 후 대학 생활이 힘들어질 수 있다.

명문 대학들은 또 SAT 성적 외에 사회 발전에 얼마나 기여할 수 있는 학생인지에 관한 평가를 매우 중요시한다. 그래서 SAT 외에 몇 가지를 잘 준비해야 한다. 그중 하나가 좋은 추천서를 받는 일이다. 그러자면 학교에서 예의 바르고 공부 잘하는 학생이라는 인상보다는 매사에 적극적이고 긍정적인 변화를 이끌어 내는 학생이라는 강한 인상을 주어야 한다.

한국에서 온 지 3년이 된 한 학생은 성적은 좋은데 대학에서 요구하는 '리더십'을 인증할 방법이 없었다. 고심 끝에 평소 관심을 가지고 있던 분야인 '동양 문화 연구회'라는 클럽을 만들어 회장이 되고 친구들의 도움으로 회원을 모집해 다양한 활동을 했다. 그 여학생은 아이비리그 대학으로부터 합격 통보를 받았다.

봉사활동도 9~10학년 때부터 꾸준히 하는 것이 좋다. 오래된 이야기지만 인터넷이 막 보급되기 시작할 때 뉴욕의 학생 4명은 함께 시니어들에게 인터넷을 가르쳐 주는 봉사활동을 꾸준히 해서 신문사에서 수여하는 '봉사왕 상'을 받았고 유수의 대학으로부터 4년 전액 장학금을 받았다. 어느 시대나 변화하는 시대에 적응하지 못하는 소외 계층은 있다. 찾아보면 봉사활동을 할 기회가 널려 있다는 이야기다.

다시 강조하지만 학생에게 가장 중요한 것은 평소의 꾸준한 독서다. 많은 독서는 좋은 에세이를 쓸 수 있게 한다. 또 처음으로 집을 떠나서 겪게 되는 여러 어려움을 잘 극복할 수 있는 마음의 근육도 만들어 줄 수 있을 것이다.

기자 직접 체험 효과 검증
- '기적의 영어 회화 베스트 영어 훈련원'

《타운뉴스》는 지난 789호에서 남가주에서 돌풍을 일으키고 있는 영어 학원 '영어 훈련원'을 소개한 바 있다. 뉴욕에서는 기자가 직접 수강을 한 후 다른 수강생들과 마찬가지로 격찬을 표했다고 해《타운뉴스》도 직접 기자가 3개월 과정을 체험했다.

기자는 미국 생활 1년에 독해, 문법에는 강한 전형적인 '한국식 영어'의 강자였다. 그리고 주 4회 3개월간 총 48번의 수업(각 한 시간 40분) 중 결석 2회에 30분 지각 1회로 비교적 열심히 들었다.

결론은 학점으로 따지면 'A'라고 평가할 수 있다. 강사보다 학생이 더 많이 입을 열고, 그야말로 '하늘 천 따 지'식의 반복훈련인 유교적

마인드로 인해 머리는 알지만 입과 귀로는 좀처럼 받아들이지 못한 영어를 쉽게 받아들이는 효과가 확실히 있었다. 수강생들의 영어 실력이 워낙 편차가 심해 영어 상급자의 경우 수업시간에 좀 더 빨리, 좀 더 유창하게, 좀 더 많이 연습하지 못하는 아쉬움이 있지만 생활에 꼭 필요한 쉬운 영어, 즉 알면서도 말하지 못하는 영어를 체득하는 데는 최고의 효과가 있었다. 기자의 경우도 이 '영어 훈련' 덕에 자신감을 얻어 미국의 유명 코미디언을 직접 인터뷰하기도 했었다. 영어 훈련원은 한국에서 베스트셀러로 유명한 김영사의 《영어훈련소》를 모태로 한다. 영어 훈련소와 베스트 영어 훈련원의 성공 비결은 간단하다. 집중적으로 반복해서 무조건 입을 여는 훈련을 하는 것이다. 너무 단순해서 과연 그럴까 하는 의구심이 들기도 하지만 베스트셀러가 된 책은 물론이고 뉴욕과 LA, 그리고 오렌지카운티의 성공신화가 결코 과장이나 허위가 아님을 입증한다.

  실제로 이 과정을 직접 체험한 지난 1~12기 훈련생들은 기자를 포함해 거의 전원이 격찬을 쏟아내고 있다. 수업시간 외에 별도로 공부할 시간이 적은 경우는 3개월 코스를 2~3번 반복하기도 한다(이 경우 수강료 할인). 심지어 한국 명문 대학에서 영문학을 전공하고, 미국에서 40년이 넘도록 산 올드타이머도 영어 교습법을 배우기 위해 강의를 수강하기도 했다.

  베스트 영어 훈련원의 최성규 원장은 "미국에 오래 살았다고 영어를 잘하는 것이 결코 아니라는 것은 누구나 알고 있다. 처음에 제대로 된 영어 훈련을 받은 후 오래 살면 영어가 더 늘지만 그냥 오래 살기만 해선 안 된다. 우리 훈련원은 정말이지 많은 성공 사례가 있다. 일일이다 설명할 수 없으니 일단 와서 체험해 보기를 권한다"고 말했다.

자녀 셋을 모두 코넬대학을 졸업시킨 교육 전문가 최상규 원장은 뉴욕에서 SAT 학원을 오랫동안 경영했고, 성인 영어도 가르쳐왔다. 3년 전《영어훈련소》의 저자 하득희 선생을 만나 감명을 받은 후 LA지역 책임자로 자원했고, 현재 베스트 영어 훈련원의 대박 성공신화를 이어가고 있다.

사실 영어 스트레스는 한국보다 미국이 더 심하다. 영어 때문에 불편한 것이 한두 가지가 아니고, 또 체면 때문에 대부분 내색을 하지 않곤 한다. 커뮤니티 칼리지, 어덜트 스쿨, 개인 교습 등 다양한 노력을 하지만 번번이 중도포기 하기 일쑤다.

영어 훈련원은 남녀노소 영어 기초실력과 미국 거주기간에 상관없이 한국 사람이라면 가장 빠르게 영어 말문을 속 시원하게 트이도록 만드는 것이다. 영어 고민을 제대로 해결하고 싶거나 영어 훈련원의 비밀에 관심이 있다면 일단 무료 설명회에 한번 참석할 필요가 있다.

'기적의 영어 회화' 베스트 영어 훈련원
- 된다. 된다. 드디어 영어가 된다

학원이란 이름도 아니다. 교습소도 아니다 그렇다. 베스트 영어 훈련원은 이유 그대로 훈련소다.

미국형 비행기에 몸을 실을 때만 해도 미국에 도착해서 미국 사람들 틈에 살면 영어는 저절로 되는 줄 알았다. 그런데 이게 웬일. 미국 생활이 길어지면 길어질수록 영어로 입을 떼기가 점점 힘들어진다. 오히려 미국에 처음 와서 바짝 긴장했을 때보다 영어가 더 퇴보한 것 같다. 그러면서 영어를 쓰지 않는 환경에 점점 익숙해진다.

아니 더 정확한 표현은 영어를 써야 하는 상황을 만들지 않으려 노력한다. 이상한 말 같지만 불편한 게 편한 것이다. 그리고 그럴수록 속병은 깊어져 간다. 미국에서 홈리스도 하는 영어 때문에 겪는 수모는 한두 가지가 아니다. 아이들이 자랄수록 부모 자식 간 의사소통이 힘들어진다.

중요한 비즈니스 아이디어도 번번이 영어의 장벽에 부딪히고 만다. 마음 한구석에 늘 자리 잡고 있는 영어에 대한 강박관념, 베스트 영어 훈련원은 바로 이처럼 영어에 한 맺힌 사람들을 위한 곳이다. 효과는 이미, 뉴욕의 훈련생들을 통해서, LA의 지난 13기 훈련생들을 통해서 입에서 입으로 알려지고 있다.

베스트 영어 훈련원의 원칙은 간단하다. 사용하지 못하는 영어는 죽은 영어라는 것. 한국인의 고질적인 영어 학습법을 통렬히 뒤집은 혁명적인 학습법은 의외로 단순하다.

반복을 통해서 집중적으로 무조건 입을 여는 훈련을 하는 것이다. 중학교 1, 2학년 영어 교과서를 읽을 수 있는 정도의 실력만 있으면 누구나 성공할 수 있다. 나이도 성별도 미국에 거주한 기간도 문제 되지 않는다. 다만 한 가지 조건만 붙을 따름이다. 훈련기간 동안 빠지지 말 것, 너무도 당연하고 쉬운 명제 앞에 다른 모든 것들은 변명에 불과하다. LA지역을 책임지고 있는 최성규 원장은 본래 교육 전문가다. 뉴욕에서 SAT 학원을 운영했고 오랫동안 성인 영어도 가르쳐 왔다.

그런 그가 한국에서 베스트셀러가 된《영어훈련소》의 저자 하득희 선생을 만난 후 영어 때문에 가슴앓이하는 많은 사람들의 등불 역할을 하기로 했다. 결과는 생각했던 대로 대 성공이었다. 지난 13기까지 베스트 영어 훈련원을 거쳐 간 많은 훈련생들에게서 찬사가 쏟아지고 있는 것이다.

그 결과를 바탕으로 최성규 원장은 다시 한번 강조한다. "지금까지 영어 중도에서 포기하였던 분들은 마지막으로 도전해 보라. 훈련생이 한번 되어보라. 영어에서 해방되는 신천지가 열릴 것이다"라고.

2부

살며
나누고 싶은
이야기들

의미 있는 삶을
찾으세요

오랜 가뭄 끝에 많은 비가 내렸다. 뒤뜰의 나무들도 더 짙은 초록색으로 변했고, 석류, 살구, 감 등 과수들은 더 많은 열매를 맺을 것이다. 매주 가는 산의 나무, 풀들도 더 푸르러져 상쾌한 기운을 내뿜는다. 대지에 스며든 풍부한 비는 우거진 숲을 만들고, 아름다운 꽃을 피우고, 많은 곡식과 풍부한 열매도 맺게 한다. 비가 거의 내리지 않는 사막 지역은 척박한 땅이 되어 딱딱하고 가시가 있는 선인장 등 작고, 메마른 나무들만 자라서 거칠고 황량한 분위기만 만들 뿐이다.

대지가 풍부한 비를 통해 다양한 열매를 만들고 주변을 수많은 색채로 수놓듯 사람을 사람다운 향기가 나게 하는 것은 무엇일까. 사람에게 가장 많은 영향을 주는 것은 책인 것 같다. 독서는 자신의 삶에 긍정적인 영향을 줄 수 있는 글들을 많이 발견할 수 있는 능력을 길러준다. 한 줄의 글에서도 마음을 움직일 수 있는 혜안을 얻게 하는 것이 있다. 《좁은 문》의 작가 앙드레 지드도 "나는 내 책이 무엇을 말한다고 한정하지 않는다. 어떤 독자는 내가 생각한 것 이상의 것을 발견하기 때문이다"라고 말했다.

좋은 강연, 설교도 독서와 같은 역할을 한다. 여기 인생의 길을 묻는 사람들이 들으면 좋은 설교의 일부를 소개한다. 미국의 영적 지도자 중 한 사람인 존 파이퍼 목사의 설교 〈인생을 낭비하지 마세요〉의 내용이다.

"당신은 당신의 삶이 중요하기를 원합니까? 자신의 삶을 가치 있게 만들고 이 세상을 바람직한 사회로 변화시키기 위해서는 재산이 많고, 많이 배워야 할 필요는 없습니다. 무엇이 가장 가치 있는 삶인지 알고 그것을 위하여 헌신할 결단만 하면 됩니다. 누구나 마음만 먹으면 세상의 변화를 만들 수 있습니다. 그러나 불행히도 대부분의 사람들은 그것을 원하지 않습니다. 학교를 졸업하고, 직장을 갖고, 멋지게 은퇴해 생을 즐기기를 원합니다. 이것이 아메리칸드림이라고 생각합니다. 루비 앨리슨과 로라 에드워드가 카메룬에서 숨졌다는 소식입니다. 루비는 80세가 넘었고 독신이며, 간호사였습니다. 그녀는 그녀의 삶을 가난하고, 병들고, 가장 힘들게 사는 사람들에게 그리스도를 전하고, 그들의 삶에 희망을 심어주는 일에 일생을 헌신하였습니다. 그들은 교통사고로 사망했습니다. 이것이 비극입니까? 이것은 비극이 아닙니다. 빨리 은퇴해서 인생을 즐기는 것이 아메리칸드림이라고 말하는 사람들이 많습니다. 이런 꿈을 사라고 광고를 합니다. 이것은 비극입니다. 이런 꿈을 사지 마세요"

상당히 도전적이고, 삶을 깊이 성찰하게 하는 설교다. 좋은 설교는 반성하게 하고 변화하게 한다. 신이 세상을 만들고 인간을 만들었지만, 사람이 어떻게 살아가야 하는지는 스스로 길을 찾아야 한다는 것이 신의 뜻일 것이다. 루비는 의미 있는 자신의 길을 찾은 것이다.

이번 튀르키예와 시리아에 닥친 비극적인 대참사에 튀르키예와 갈등 관계에 있는 그리스, 핀란드, 스웨덴까지 모두 신속한 지원을 약속했다고 한다. 어려움에 처한 사람들에 대한 연민의 감정이 갈등을 이긴 것이다.

우리에게는 나쁜 상황을 긍정적으로 변화시킬 수 있는 희망이 있다는 것을 보여주는 일이다.

꿈꾸어 보는
평화로운 세상

　나바호 원주민의 땅 애리조나에는 모뉴멘트 밸리 등 7곳의 경이롭고 기념비적인 곳이 있다. '캐니언 드 세이'는 그 한가운데 있는 곳이다. 그랜드캐니언에 비해 규모는 작지만, 환상적인 협곡은 800피트 높이의 사암 절벽으로 이루어져 있고, 강줄기의 흔적을 따라 2개로 나누어진다. 거의 5,000여 년 전부터 거주했던 아케익족 등 5개의 부족이 차례로 거주했던 흔적이 곳곳에 남아 있다.

　캐니언을 보는 방법은 두 가지가 있다. 첫째는 잘 만들어진 협곡 위 길을 따라 연결된 전망대에서 협곡을 보는 것이다. 길은 사우스림과 노스림으로 나뉘어 있다. 사우스림에 있는 6개의 전망대 중 스파이더 록(Spider Rock) 전망대에서 가까이 보이는 2개의 사암 기둥은 협곡 가운데 우뚝 솟아 있다. 원주민들이 정령이 살고 있다고 믿는 첨탑의 높이는 무려 800피트다.

그들이 살았던 흔적을 가까이서 보는 방법은 원주민 안내인의 지프나 트럭을 타고 캐니언 아래로 들어가는 것이다. 절벽 중간에 지어진 집터, 바위에 새겨진 그림 등 여러 가지 흔적들을 볼 수 있다. 현재는 협곡에 두 가정만 살고 있다고 했다.

노스림에 있는 전망대에서는 가슴 아픈 사연을 만나게 된다. 무에르토 협곡을 따라가는 노스림의 끝자락에 '학살 동굴 전망대'가 있다. 1805년 스페인 군대가 동굴로 피한 나바호 원주민 100명 이상을 무자비하게 학살한 곳이다. 근처에 있는 '2명이 떨어진 곳(Two Fall Off)'은 용감한 나바호 여인이 스페인 군인을 안고 투신한 곳이라고 한다.

1800년대 중반을 지나면서 미국은 스페인 군인을 몰아냈다. 하지만 애리조나에서 은광과 구리 광산이 개발되자 원주민들을 몰아내기 위한 학살이 다시 자행되었다. 미군과의 전투에서 패한 나바호족은 1863년, 9,000여 명이 뉴멕시코의 사막 지역으로 쫓겨가야 했다. 하지만 연방정부가 그곳은 사람이 살 수 없는 곳임을 인정해 1868년 다시 살던 곳으로 돌아왔다. 하지만 도착한 사람은 겨우 4,000여 명에 불과했다. 그들은 이 행군을 '더 롱 워크(The Long Walk)'라고 부른다. 낯선 사막과 길에서 죽어가면서 그들은 무슨 생각을 했을까. 이런 살육과 추방은 미 대대륙 전역에서 자행됐다.

그들은 풀 한 포기, 돌 하나도 귀하게 여기고 존중하며 사는 순박한 사람들이었다.

유럽인들이 아메리카 대륙으로 이주하면서 원주민들은 그들이 겪어야 했던 고통과 슬픔을 노래로 표현했다. 페루의 민요 〈철새는 날아가고〉도 그런 아픔이 짙게 묻어 있는 노래다. "새가 되어 멀리 바다로 날아가겠어요, 머물다 떠나는 백조처럼. 땅에 매여 있는 사람들은 세상에서 가장 슬픈 소리로 이야기하지요". 가족을, 이웃을 잃은 아픔을 그들은 가장 슬픈 선율로 표현했다.

지금도 국가, 민족, 종교 간의 갈등 때문에 지구촌 곳곳에서 살육이 자행되고 있다는 데 슬픔이 있다. 탐욕으로 인한 전쟁 때문에 무고한 사람들이 죽는 일은 더는 없어야겠다.

소식이
수명을 연장한다

그동안 소식이 건강에 좋다는 가설은 꾸준히 제기되어 왔다. 식사량을 줄인 후 건강이 더 좋아졌다는 개인 체험담은 많았지만 과학적인 실험 결과는 없었다.

그런데 최근 이와 관련된 연구 결과가 국제 학술지《네이처 에이징》에 발표돼 관심을 끌고 있다. 이 연구는 미 국립의료원이 열량 제한이 건강 수명을 늘릴 수 있다는 가설을 증명하기 위해 진행했다. 1단계는 예일 대학교 연구진이 실험 참가자 200명에게 기준 섭취량을 정해주고 이 중 일부에게는 칼로리를 14% 줄인 식사를 2년간 제공하는 방식으로 실험을 진행했다. 그 결과 식사량을 줄인 군에서는 다양한 대사 및 면역력 강화 반응이 일어나 건강 수명이 연장됐다는 내용이《사이언스》에 먼저 발표됐다.

이어 2단계는 컬럼비아 대학교의 노화센터 연구진이 다시 성인 남녀 220명을 대상으로 반은 정상적인 식사량을 제공하고 반은 25%를 줄인 식사를 하게 했다. 그리고 실험 결과를 분석해 소식이 건강한 성인의 노화 속도를 늦춘다는 결론을《네이처 에이징》에 발표한 것이다.

발표에 따르면 소식이 노화 속도를 2~3% 정도 늦추고 이는 사망 위험을 15% 정도 낮추는 효과가 있다고 한다. 이로써 그동안 꾸준히 제기되어 온 소식이 성인을 더 건강하게 한다는 가설이 사실임을 입증한 것이다.

오래전 애리조나의 비밀 실험실에서는 극비 프로젝트가 진행되었다고 한다. 실험 참가자들은 2년간 외부와 단절된 채 생활해야 했다. 이들은 2년 치 식량을 가지고 들어갔지만 계산 실수로 적정량의 80%만 가지고 들어온 것을 나중에 알았다는 것이다.

실험 참가자들은 할 수 없이 80%의 식량으로 버티면서 2년간의 실험 프로젝트를 마쳤다. 그런데 이들에 대한 건강 검진 결과 놀랍게도 모두 주요 건강 지표가 현저히 개선되어 있었다고 한다. 소식이 건강에 좋다는 것을 보여주는 예가 됐다.

그러나 반론도 만만치 않다. 대식가인 지인에게 소식이 건강에 좋다고 한다며 넌지시 얘기해 봤다. 대번에 "먹고 싶은 것 안 먹으면서 오래 살면 무엇 하느냐"는 퉁명스러운 대답이 돌아왔다. 미국 중북부 지역의 106세 장수 노인도 언론과의 인터뷰에서 "아이스크림 등 먹고 싶은 것은 다 먹는다"고 말했다. 실제 지인 한 분은 92세인데 뷔페식당에서 양껏 먹고 식후 아이스크림까지 챙겨 먹는다. 그리고 혈당 측정기로 혈당을 체크한 후 필요하면 직접 인슐린 주사를 놓는다. 나보다 걸음이 빠르고 중국 등 해외여행도 자주 한다.

　한국에서 육류 소비량이 쌀 소비량을 추월했다고 한다. 육류를 많이 소비하면 더 많은 가축이 필요하다. 축산업은 지구 온난화에도 큰 영향을 끼친다고 하니, 육류 소비를 자제하는 노력이라도 해야 할 것 같다는 생각이 든다.

겸손이
더 요구되는 사회

산을 좋아해 매주 한 번씩 산을 찾는다. 큰 산악회도 다녔지만 지금은 60~70대 7~8명이 매주 같은 산을 오른다. 이 산을 6.5마일가량 올라가면 바로 볼디산의 정상이 보이는 곳이 있는데 그곳이 목적지다. 목적지에 도착하면 점심시간이 된다. 취사 준비를 하고 준비해 온 고기를 굽고 다양한 야채를 내놓는다. 커피에 디저트까지 일행과 나눈다.

불을 피우고, 고기를 굽고, 커피 물까지 끓여주는 것은 항상 K이다. 그는 솜씨가 좋고, 식사를 준비해 나누어 주는 것도 좋아한다. 취사 장비도 그가 가장 많이 가져온다. 당연히 그의 백팩이 가장 무겁다. 항상 웃으며 고기를 나누어 주고, 밥을 볶아 나누어 준다. 하지만 정작 그는 많이 먹지 않았다.

왜 그렇게 적게 먹느냐고 묻자 조금만 먹어도 배가 부르다고 했다. 웃으며 장비를 정리하는 그를 보며 '저런 귀한 성품은 타고난 것일까? 아니면 노력해서 얻은 것일까?' 생각해 본다. 만약 나도 솜씨가 좋다면 저렇게 할 수 있을까?

나는 저런 성품으로 태어나지도, 노력도 하지 않았던 것 같다. 뉴욕에 있을 때는 가끔 5~6명이 큰 병원에 위문을 가야 할 때가 있었다. 병원에는 특유의 냄새와 무거운 분위기가 있었다. 나는 병원 분위기에 적응이 되지 않았고, 병상의 수척한 환자 모습을 보는 일도 편치 않았다. 그래서 늘 뒤편에 서 있었다. 죽음 가까이에 있는 환자의 손을 잡고, 얼굴을 만지며 위로하는 사람들을 보면 그들이 부러웠고, 그렇게 하지 못하는 나 자신이 부끄러웠다.

C는 멕시코 봉사활동 등 어려운 사람을 돕는 일에 적극적이었다. 솜씨 좋은 그는 이용 기술을 배워 몇 달은 이발을 하지 못한 것 같은 아이들의 머리를 깎아주고, 손을 잡고 기도해 준다. 말은 서툴러도 손의 온기가 그들의 마음을 열리게 했다. 깨끗해진 그들의 모습을 보고 진심으로 기뻐하는 그의 마음이 전해져 굳은 얼굴도 웃음을 띠게 만든다.

아예 일찍 은퇴하고 현지에 머물며 가난한 사람들을 찾아다니며 그들의 생활 개선을 위해 애쓰는 사람들도 있었다. 이들은 자신만을 위한 삶에서 벗어나 자신의 삶 일부를 헌신하고 있다.

그들에게 다가가 손을 잡아주는 사람들은 모두 나보다 훌륭한 사람들이다. 오늘 내가 만난 사람들도 모두 본인이 잘하는 것이 있을 것이다. 오랜 세월의 흔적들이, 세상 풍파의 파편들이 그들을 감싸고 있어서 겉모습에서는 재능을 알아볼 수 없어도 그들 모두는 이 사회를 위해 할 수 있는 것들을 가지고 있을 것이다. 그래서 나는 생각한다. 내가 더 겸손해져야 한다고. 겸손해지면 남에게 관심을 갖게 되고 남의 이야기에 귀를 기울이게 된다.

인간의 감정 중에 '연민'이 가장 귀하다고 하는데, 요즈음은 '겸손'이 더 요구되는 것 같다. 국가나 이웃 간에 서로 자신만 옳다고 주장하며 극단적으로 나누어진다면 미래사회는 불안하게 된다. 겸손해지면 생각에 여유를 가질 수 있어 서로 편 가르지 않고 함께 미래에 대한 희망을 가꾸어 갈 수 있지 않을까 생각해 본다.

작지만
의미 있는 행사

   7월 4일, 미국의 독립 기념일에 한인들이 많이 거주하는 플러톤에 있는 랄프스 클락 팍에서 작지만 소중한 독립 기념 행사가 있었다. 이곳은 큰 나무들이 곳곳에 우거져 있고, 잔디들이 잘 가꾸어져 있고, 공원 가운데는 꽤 큰 호수도 있어, 크고 작은 오리 떼들이 근처 잔디밭을 뒤뚱거리며 걷는 모습을 항상 볼 수 있다. 공원에 있는 여러 개의 테니스 코트에는 많은 한인들이 아침 일찍 나와 테니스를 즐긴다. 호수 근처에 있는 전시관 Interpretive Center에는 여러 동물들의 화석이 잘 전시되어 있다. 이 지역에서 출토된 동물의 화석들이다. 오렌지카운티 지역이 수천만 년 전부터 어떻게 변화하여 현재에 이르렀는지를 그림과 함께 잘 설명하고 있다. 오렌지카운티에 대해 좋은 공부도 할 수 있다.

이곳은 평소에 많은 한인들이 찾아와 운동을 하고, 쉬기도 하며, 크고 작은 단체들도 찾아와 음식을 나누며 친교의 시간을 갖는 큰 공원이다.

이곳에 매일 아침 찾아와서 삼삼오오 무리 지어 걸은 뒤, 넓은 잔디밭에 모여 30여 분가량 리더들의 리드에 따라 스트레칭을 겸한 맨손체조를 하는 사람들이 있다. 무슨 조직이 되어 있는 모임은 아니지만 4~5명의 리더들이 이 체조모임을 이끌고 있다. 10여 년 이상 같이 모여 운동을 하다 보니 서로 친숙해져서 가끔 누군가가 생일 등을 기념해서 음식 등을 준비해 와 같이 나누며 친교의 시간을 갖기도 한다. 이 보건체조에는 미국인들도 다수 참여한다. 오랫동안 같은 시간, 같은 장소에 모여 운동을 하니, 주변의 미국인들이 자연스레 같이 모여 체조를 하는 것이다.

이날은 보건체조가 끝난 후 바로 미국 독립 기념일 축하행사를 했다. 앞에 깃대와 함께 세워진 미국 국기에 대한 경례로 시작된 기념식에서 미국을 위한 기도는 6.25 전쟁에 참전한 한인 은퇴 목사가 맡고, 미국인 기도는 6.25 때 참전하여 원주 야전병원에서 근무했던 미군 퇴역 군인의 부인이 맡았다.

기념식 내내 앞에서 자랑스럽게 펄럭이는 미국 국기, '스타 스팽글드 배너'는 독립 당시의 13개 식민지 주와 현재의 50개 주를 넓은 띠와 별로 각각 나타내고 있다. 한 운동 멤버의 색소폰 연주에 맞추어 모두 한목소리로 미국 국가를 제창했다. 이 감동적인 미국 국가는 볼티모어에 살던 법률가이자 시인이었던 '프란시스 스콧 키'가 미국 독립전쟁의 획을 그은 중요한 전투 중의 하나인 볼티모어 근교 '맥헨리 요새'에 대한 공격을 목격한 후 거대한 영국 군함들이 밤새 퍼부은 함포 사격에도 불구하고 다음 날 새벽에도 계속 휘날리는 미국기를 보고 감격하여 지은 시 〈맥헨리 요새의 방어전〉을 원문으로 해서 만들어졌다.

당시 영국에서 널리 불리던 노래 〈천국의 아나크레온에게〉의 곡에 이 시를 가사로 만들어 부르게 된 것이다. 1931년 미국 국가로 공식 지정된 이 노래는 언제 들어도 마음 깊이 큰 울림을 준다.

미국은 독립할 때, 영국군과의 치열한 전쟁을 통해 동부에 위치한 13개 식민지의 독립을 쟁취한 후, 계속하여 전쟁과 협상을 통해 지금의 50개 주의 세계에서 세 번째로 큰 영토를 가진 나라를 만들었다.

사회자는 한국어와 영어를 번갈아 사용하여 미국이 그동안 세계의 자유를 지키기 위해 끊임없이 전쟁과 희생을 해왔음을 설명했다. 특히 한국 전쟁에서 공산주의로부터 자유 한국을 지켜줬음을 상기하고, 미국 젊은이들의 희생에 감사한 마음을 잊지 말아야 한다고 강조했다. 미국이 한 일 중에는 일부 과오도 있었으나 현재와 미래를 위해 지난 과오에 계속 연연하는 것은 현명한 일이 아닐 것이다.

아메리카 대륙은 1492년 콜럼버스가 처음 발견했다. 그는 스페인 황실의 후원으로 여러 번 이곳을 다녀갔으나 죽을 때까지 인도로 알았다. 이탈리아 항해가 '아메리고 베스푸치'가 1503년 이곳으로 왔는데, 항해 중 바람 때문에 브라질 북부에 도착했다. 그는 이곳이 인도가 아니고 신대륙임을 인지하고 세계에 신대륙 발견을 공식으로 공표하였다.

4년 뒤 독일인이 세계 지도를 제작하면서 신대륙을 아메리카라고 부르자고 제안해 아메리카라는 이름을 갖게 됐다. 이렇게 브라질 북부에서 시작한 아메리카 대륙은 남북으로 계속 새로운 땅이 발견되면서 점점 거대해져 갔다.

기념식은 조찬행사로 이어졌다. 한국인 시니어들을 대상으로 하는 기업에서 김밥, 빵, 과일, 샐러드 등을 준비하고 지역 내 한인 사업가가 커피와 도넛 등 디저트를 준비해 왔다. 미국인들이 엄지손가락을 치켜들며 음식에 감사하며 좋아했다. 이렇게 일상에서 지역 미국인들과 함께하는 자리를 자주 가지면 서로 이해하고 공감을 나눌 수 있어 이 자리가 더 귀하게 생각된다.

LA 여름밤을 수놓은 피아노 선율

8월 1일 저녁 LA의 대표적인 공연장인 할리우드 볼에서 임윤찬이 성시연 객원 지휘자가 이끄는 LA 필하모닉과 라흐마니노프 피아노 협주곡 3번을 연주했다. 이 곡은 그가 지난해 세계적으로 반 클라이번 국제 콩쿠르 결선에서 역대 최연소 우승을 차지할 때 연주한 곡이다. 벌써 조회 수 1,200만 회를 넘었고, 지금은 해외 유수의 일급 오케스트라들과 세계적인 무대에서 연주회를 이어가고 있는 중이다.

 이곳은, 여름 저녁, 할리우드 볼에서 별빛 아래 펼쳐지는 콘서트를 보아야만 LA를 제대로 즐기는 것이라는 말이 있을 정도로 앤젤리노들이 사랑하고 자랑하는 꿈의 무대이다. 그동안 프랭크 시나트라, 루치아노 파바로티, 비틀스 등 세계적인 거장들이 다녀갔다.

 여러 번 와본 곳이지만 이번은 주차부터 전쟁터 같았다. 입구로 올라오면서부터 길을 가득 메운 입장객들은 혹시 18,000여 석이나 되는 좌석에 빈 곳이 있으면 어쩌나 걱정했던 것이 기우에 불과했음을 알게 했다. 한인들도 많이 보였다. 두 딸과 우리 내외는 무대가 앞에 보이는 4인 칸막이 좌석에 앉았다. 모두들 와인과 간식거리를 탁자에 놓고 공연을 기다리고 있었다. 두 딸들이 와인과 간식거리를 내놓는 동안 입구에서 1불 주고 사 온 2023년 할리우드 볼 공연 일정을 소개한 책자를 펼쳤다. 한가운데 4페이지에 걸쳐 임윤찬과 성시연 지휘자를, 각각 연주하는 곡과 함께 소개하고 있었다.

이제 겨우 19세인 임윤찬이 이번 여름 시즌에 공연하는 여러 아티스트 중 가장 예술가다운 얼굴을 하고 있었다. 40대부터는 부모로부터 선물받은 얼굴을 자신이 만들어 간다고 하는데, 이 어린 임윤찬의 얼굴은 어떻게 만들어진 것일까? 그동안 여러 매체와 인터뷰한 그의 말 중에 답이 있을 것 같다. "중학생 시절 호로비츠와 뉴욕 필하모닉이 1978년에 녹음한 라흐마니노프 협주곡을 1,000번 정도 들었다. 리스트의 단테 소나타를 잘 연주하기 위해 단테의 《신곡》을 외울 만큼 여러 번 읽었다. 아직도 배울 것이 많다. 가장 영감을 준 음악가는 신라의 가야금 연주자 우륵이다. 야망은 1%도 없다. 산에 들어가 피아노만 치며 살고 싶다. 음악은 세상에서 몇 안 되는 진짜라고 생각하기 때문에, 인간에게 음악이 필요합니다" 등이다. 한 곡을 1,000번 정도 들었다면 그 곡을 이해하고, 해석하여 자신의 방법으로 연주할 수 있는 그림이 그려질 것이다. '단테의 《신곡》'을 외울 만큼 여러 번 읽었다니, 웬만한 독서가도 완독하기 쉽지 않은 책이다. 자신이 연주할 곡을 완벽하게 이해하기 위해서 모든 노력을 기울이고 있는 것이다. 인터뷰 내용에 그의 모습이 그대로 나타난다. 욕심 없이 음악만 사랑하는 그의 열정이 완성도 높은 음악을 연주할 수 있게 할 것이다. 그는 범인들이 40년은 지나야 만들 수 있는 자신의 얼굴을 벌써 만들 수 있을 만큼 충실한 삶을 살아온 것 같다.

어느새 임윤찬과 성시연이 나와 인사하고 자리를 잡는다. 관중들이 일어서서 박수 치며 그들을 맞았다. 와인 향이 주위에 은은하게 흐르고 서쪽 하늘에 저녁노을이 물들기 시작하여 사위가 조금씩 어두움에 잠겨가는 것을 보면서 임윤찬의 힘차고 신들린 듯이 온몸으로 하는 연주를 들었다.

객원 지휘자 성시연은 현재 뉴질랜드의 최대 도시 오클랜드 필하모닉의 수석 객원 지휘자이다. 뒤로 질끈 동여맨 긴 머리칼이 그녀의 정열적인 지휘에 따라 같이 춤췄다. 그녀의 지휘 모습도 하나의 예술이었다.

임윤찬이 한 시간의 연주를 마치고 청중들의 힘찬 기립 박수를 받으며 무대 옆으로 퇴장했다. 청중들이 계속해서 기립 박수를 치자 몇 번 나와서 인사하다가 앵콜곡을 연주했다. 쇼팽의 에튀드 10-3 〈이별의 노래〉다. 예술가곡으로 잘 알려진 곡이고 젊은 시절 많이 불렀던 곡이다. 익숙한 곡이 나오자 반가웠다.

산으로 들로 같이 다니며 소리 높여 노래 부르던 친구들이 떠올랐다. 같이 있으면 괜히 기분 좋아지던 친구들이다. 같은 것을 생각하고 꿈꾸던 친구들을 세월이 갈라놓았다. 어디서든 같이 좋았던 시절을 추억하고 있을 것이다.

성시연이 이끄는 LA 필하모닉은 한 시간 정도 더 라흐마니노프의 다른 걸작 〈심포니 댄스〉를 연주했다.

한국에는 벌써 세계적인 젊은 피아니스트 조성진, 선우예권, 임윤찬, 3명이 있다. 이는 우리에게 선조들 때부터 도도히 흐르는 예술혼이 있음을 증명한다. 진주의 촉석루, 밀양의 영남루, 평양의 부벽루에서 자연과 어울려 시문을 노래하던 선비들이 물려준 것들이다.

　이렇게 선조들에게 물려받은 예술혼을, 우리는 오랫동안 우리의 의식을 지배해 왔던 유교 사상 때문에 조용히 정적으로만 표현해 왔다. 현대에 와서 이것들을 걷어내자 우리의 예술혼이 봇물처럼 터져 나와 영화, 드라마, 음악 등 다양한 방법으로 세계인들이 열광하는 작품을 만들어 내고 있다. 어느새 세계 문화계의 중심에 서게 된 것이다.

　우리에게 숨겨진 예술혼이 세계적으로 성공한 사람들에게만 있는 것은 아닐 것이다. 누구에게나 다 있다. 단지 찾을 기회가 없었고, 찾으려는 노력을 하지 않았던 것뿐이다. 누구에게나 있는 이것을 조금만 찾아내어 생활화한다면 더 팍팍해져 가는 세상이 조금은 더 아름답게 보이고 밤하늘의 무수한 별처럼 우리 속에 숨어 있을 희망의 불빛도 찾아볼 수 있을 것 같다.

좋은 세상을
향한 꿈

 최근 신문에 보도된 한인 장애인 션 장 씨의 사연을 읽고 한동안 눈을 감았다. 마음이 먹먹해지고 눈을 뜨기가 부끄러웠다. 내용은 하반신 마비인 그가 애틀랜타를 출발, LA로 향하는 델타 항공기에 탑승했는데 기내에 장애인을 위한 장비가 준비되어 있지 않아 본인 좌석까지 기어서 갔다는 것이었다. 상상도 해보지 못한 일이라 나도 충격이 컸다.

 그는 기어가는 동안 자신을 내려다보는 시선에서 굴욕감을 느꼈다고 했다. 아마 그는 천 길 낭떠러지로 떨어지는 느낌, 세상에 혼자 버려졌다는 지독한 외로움을 느꼈을 것이다.

그런데 이런 일이 종종 일어나고 있다고 한다. 장애인에 대한 인식이나 시설 등이 잘되어 있다는 미국조차 이 정도라니 놀랍다.

사실 도움이 필요한 사람들이 오히려 수모나 굴욕감을 느끼게 되는 경우는 도처에서 발견된다. 특별히 장애인에게 국한된 일만은 아니다. 도움이 필요한 사람들에게 친절하지 않게 된 것은 오래된 것 같다.

계층 간 격차가 크게 벌어지고, 이 차이를 그냥 인정하는 것은 바람직한 사회의 모습이 아니다. 도움이 필요한 사람에게 손을 내밀고, 도움을 주는 사람을 응원할 책임이 모두에게 있다. 다행히 우리 주변에는 사회적 약자들이 사회의 일원이 될 수 있도록 도움을 주는 사람들도 많다. 남가주에 있는 밀알선교회는 장애인과 그 가족들을 위해 일하는 단체다. 이곳에는 장애인들의 손을 잡아주고, 약해진 그들의 마음을 어루만져 주는 젊은 사역자들이 있다. 그들이 열악한 조건에서도 묵묵히 헌신하는 것을 보면 예수의 모습이 그렇지 않았을까 하는 생각이 든다.

얼마 전 라미라다의 샘물교회에서 열렸던 특별한 이야기가 있는 음악회에서 만난 사람들도 그랬다. 이 음악회는 한국의 장애인 예술단체총연합회 소속 장애 예술인들이 LA한인들에게 특별한 이야기와 음악을 통한 힐링의 시간을 선물하기 위해 마련된 것이었다.

음악회는 오프닝 순서에 이어 박송미 씨의 피아노 연주로 시작됐다. 무대 의상으로 하얀색 드레스를 입은 그녀는 피아노 옆에 작은 등불을 켜고 연주를 시작했다. 그 작은 불은 청중을 위한 것이었다. 슈베르트의 즉흥곡 2번 등을 연주하는 동안 청중들은 숨죽이며 깊은 감동 속으로 빠져들었다. 연주가 끝났을 때, 그녀는 탄성과 감사의 힘찬 박수 소리를 들으며 음악으로 청중들과 하나가 되었음을 느꼈을 것이다.

 지적 장애인인 민요 자매는 우리 민요를 메들리로 아름답게 부르고, 밝은 얼굴로 웃으며 얘기했다. 우리를 낳아주고, 길러준 부모님께 항상 감사하고 늘 내일이 기다려지는 삶을 살고 있다고 말했다. 장애인 예술가들이 노래하고 연주하며, 춤추고 얘기하고 일반인은 울먹이며 감동하는 아름다운 시간이었다. 그들은 한 시간 30여 분 동안 큰 감동과 힐링의 시간을 선물해 주었다.

 이런 일을 기획하고, 진행한 분들도 모두 같이 어울리는 아름다운 사회를 만들기 위해 노력하는 분들이라고 생각한다. 새해에는 더 많은 사람이 행복과 가치를 지키기 위하여 노력하는 세상을 꿈꾸어 본다.

베스트셀러 책
《80세의 벽》

일본 최고의 노인 정신의학 및 임상심리학 전문의인 와다 히데키의 저서 《80세의 벽》에는 '벽을 넘어서면 인생에서 가장 행복한 20년이 기다린다'는 부제가 달려 있다. 2022년 5월에 발간된 이 책은 첫해에 판매량 50만 권을 돌파했고, 아마존의 베스트셀러 종합 1위를 차지하기도 했다.

일본인은 왜 이 책에 열광할까? 이유는 일본이 1994년부터 초고령 사회에 들어선 것과 무관하지 않을 것이다. 65세 이상 인구 비율이 30%가 넘는 일본에서 고령자의 삶과 건강, 그들의 권리에 대해 관심을 가지는 것은 당연하다.

하지만 유독 이 책이 인기가 높은 것은 저자에 대한 신뢰 때문일 것이다. 그는 1923년 간토 대지진으로 자녀를 모두 잃고, 홀로 살 수 없는 시니어를 위해 세워진 구호병원이었던 요코 후카이에서 근무했다. 병원은 시니어들의 건강을 적극적으로 검진하여 데이터를 쌓았고 사망자의 유해를 모두 부검하여 의사나 환자가 알지 못했던 병변이 있는지를 조사했다. 미군이 일본을 점령했을 당시 2,000여 구의 해부 자료가 있었다고 한다. 그는 35년간 시니어 정신의학전문의로 많은 사람의 삶을 들여다보고 어떤 사람이 더 건강하게, 더 행복하게 사는지를 관찰했다. 그리고 이 책을 썼다.

이 책에서는 80세가 넘어서도 행복하게 살기 위해 해야 할 것들을 제시하고 있다. 먹고 싶은 것은 무엇이든지 먹고 마셔도 된다. 심지어 술, 담배도 포함된다.
또 혈압, 혈당, 콜레스테롤 등을 애써 낮추려 스트레스받지 말고 어느 정도는 높게 유지해도 된다는 것 등이다. 하지만 80을 향해 달려가는 나로서는 현실성이 없는 권고처럼 생각된다.

그는 정신과 의사다. 많은 시니어의 삶을 지켜보며 누가 더 행복하게 사는지를 관찰했다. 그래서 알게 됐다. 80세가 넘으면 여러 신체 기능이 쇠퇴하지만 잔존 기능을 잘 활용하고 계속 사용해 활성화하면 나머지 시간을 활기차게 살 수 있다는 것을.

그는 잔존 기능을 잘 활용하는 방법 44가지를 알려준다. 많은 부분은 우리가 이미 실천하려고 노력하는 것들이다. 예를 들면 적당한 건기와 오래 씹어 먹기 등이다.

이 외에 중요하다고 생각되는 것 두 가지를 소개한다. 기억력 쇠퇴는 나이 때문이 아니고 기억하는 뇌를 쓰지 않아서 기능이 떨어진 것이다. 뇌세포도 몸의 근육과 같아서 쓰지 않으면 기능이 떨어진다. 장시간 스마트폰 사용, 유튜브 시청 등은 뇌 활동을 쇠퇴시켜 인지장애를 겪게 한다. 익숙한 것을 반복하기보다는 새로운 것을 공부하면서 뇌 기능을 활성화시켜야 인지장애를 겪지 않는다.

다음은 운전이다. 일본 경찰청의 2019년 발표에 의하면 젊은 층의 교통사고율이 시니어보다 높다. 그런데도 사회는 고령자의 운전을 위험한 것으로 분위기를 몰아가고 있다고 그는 개탄한다. 운전은 할 수 있을 때까지 하는 것이 좋다. 집에만 있으면 외롭고 우울해진다.
싸워서라도 운전할 권리를 지키라고 권한다.

그는 나이가 들어도 적극적으로 원하는 것을 하면서 살아야 행복해진다고 주장하고 있다.

투표,
모두가 참여해야

아침 투표소는 한산한 모습이었다. 나는 지난달 가주 예비선거 때 라미라다의 4개 투표소 중 한 곳에서 4일 동안 자원봉사를 했다. 선거일은 3월 5일이었지만 투표소는 3일 전부터 문을 열고 유권자들을 기다렸다. 이곳은 LA카운티로 플러톤과 길 하나 사이다.

하루는 투표소 입구에서 나를 부르는 소리가 들렸다. 카운티 주택국 직원인 에릭의 목소리다. 인도계로 몸집이 큰 그는 넉살이 좋아 투표소에 사람이 없으면 밖으로 나가 행인들에게 투표를 독려했다. 소리를 듣고 밖으로 나갔더니 에릭이 한인 여성 시니어와 함께 의자에 앉아 있었다. 그녀는 나를 보자 엉거주춤 일어나 인사를 했다. 투표소 근처에 사는 그녀는 매일 아침 산책을 하는데 마침 에릭이 그녀를 보고 투표했느냐고 물었던 것. 하지만 그녀는 영어가 서툴러 에릭의 말을 정확히 이해하지 못한 것이었다.

그녀는 미국에서 51년을 산 시민권자지만 한 번도 투표를 한 적이 없다고 했다. 그녀에게 투표를 권하자 하고 싶다고 했다. 하지만 투표 방법은 도와줄 수 있으나 누구에게 투표해야 하는지는 말할 수 없으니 자녀들과 의논해 내일 다시 오라고 권했다.

83세인 그녀는 스몰 비즈니스를 운영하며 세 자녀를 키웠다고 했다. 자녀들은 모두 결혼했고 지금은 투표소 근처에서 혼자 살고 있단다.
그녀의 모습에서 이민 1세의 힘든 흔적이 보였지만 자녀와 비즈니스 이야기를 할 때는 자랑스러움이 묻어났다.

투표소 근무자는 총 13명, LA카운티 정부 여러 부서에서 나온 직원이 10명이고 나머지 3명이 자원봉사자였다. 다음 날 아침 한가해서 밖에 나갔더니 멀리서 그녀가 걸어오고 있었다. 누구에게 투표할 것인지 결정했냐고 묻자 아들이 한인은 무조건 찍으라고 했단다.

본인 확인 등의 절차를 거쳐 그녀를 보딩 부스로 안내했다. BMD (Ballot Marking Device) 사용법을 알려주며 투표할 수 있도록 도와줬다. BMD는 자동화한 투표 기기로 사용법이 간단하며 여러 언어를 선택할 수 있는데 한글 선택도 가능하다. 한인뿐 아니라 사용법을 묻는 유권자들이 많다.

그녀는 무사히 투표를 마쳤다. 그녀가 미국 생활 51년 만에 처음으로 투표했다고 소개하자 모두 손뼉을 치며 축하해 주었다.

120년이 넘는 한인 이민사에서 큰 업적을 남긴 분들이 많다. 한인 사회의 성장에는 이들의 역할이 많았지만 말과 문화 등 모든 것이 낯선 미국 사회에 묵묵히 적응하며 경제력을 키우고 자녀를 훌륭하게 교육한 보통 한인들의 공로도 크다.

이제는 모두 힘을 모아야 할 때다. 소수계인 한인 사회가 제대로 인정을 받고 권리를 주장하려면 투표를 통해 정치인에게 우리의 힘을 보여줘야 한다.
이는 모두가 투표에 참여해야만 가능한 일이다.
이것은 한국계 미국인으로 사는 우리 자녀들을 위한 일이기도 하다.

자유가 생명에 우선할 수 있나?

요즈음처럼 미국에서 사는 것이 당혹스러울 때가 있었는가 싶다. 미국이 이렇게 낯설어 보이는 것은 분명 문화 차이 때문일 것이다.《사랑의 역사》를 쓴 중견작가 니콜 크라우스의 지적대로 발가벗겨진 미국을 보고 있는 느낌이다.

이런 생소함이 처음은 아니다. 미국으로 이민 와 대형 총기 난사로 많은 사람들이 숨지는 사건들을 목격했을 때도 그랬다. 정신석인 결함이 있는 사람들이 점점 많아지는 현실에서 개인의 총기 소지를 규제하면 이런 어처구니없는 비극을 막을 수 있는데도 총기규제법은 만들어지지 않았다.

이들의 뿌리 깊은 자유권에 대한 요구가 어느 정도의 희생을 감수해도 된다고 생각할 만큼 강하구나 하는 것을 이해면서도 아쉬움은 컸다.

이번 코로나19 팬데믹 상황에서도 미국을 비롯한 캐나다, 독일, 영국 등 서양 문화권을 중심으로 마스크 사용에 대한 저항 움직임이 있었다. 특히 치열한 독립전쟁을 통해 자유를 최고의 가치로 여기는 국가를 세운 미국이 심하다. 마스크 사용과 거리두기 등을 권장하는 보건당국과 마스크 사용을 국가가 강제해서는 안 된다는 세력은 항시 상존하고 있다.

실제로 걷기 운동으로 산행은 거리두기가 힘들 것 같고 집 근처 공원은 거리두기를 무시하는 사람들이 많아 해변을 찾았다. 넓은 해변은 거리두기가 편할 것 같아서였다. 찾았던 헌팅턴비치, 실비치, 샌클레멘티비치 등에는 마스크를 한 사람을 찾기 힘들었다. 많은 사람들이 해변에 나와 있는데도 마스크를 하지 않았다. 특히 헌팅턴비치에는 거의 없었다. LA카운티와 오렌지카운티에 감염 확진자 수가 정점을 찍을 때에도 그들은 마스크를 하지 않았다.

반면에 한국이나 일본, 중국은 방역을 위한 국가정책을 엄격히 지키는 비율이 훨씬 높다. 중국은 인구 1,000만 명이 넘는 도시에서 모든 주민들의 거주 아파트 출입을 금지시킬 만큼 강력한 조치를 시행했다. 한국도 확진자의 신상과 동선을 발표하면서 직업이 유흥업소 직원인데 거짓말을 했다는 사실까지 보도했다. 이건 지나치다는 느낌을 지울 수가 없다.

이렇게 해서 세 나라는 이웃 간에 감염을 막는 데 성공하고 인명피해를 최소화할 수 있었다. 그러나 인간의 기본적인 자유를 억제하는 주체가 국가 권력이든, 여론이든 섬뜩한 느낌이 드는 것도 사실이다.

어느 정도 희생을 감수하더라도 인간의 자유에 대한 기본적인 권리를 지키려는 서양인과 공동의 선을 위해서는 기본권을 강제해도 된다는 동양인 사이에는 분명한 인식의 차이가 존재한다. 어느 쪽이 옳은지에 대한 판단은 적절하지 않다. 누구나 자신이 지키려고 하는 서로 다른 가치를 갖고 있기 때문이다.

그렇다 하더라도 국가가 개인의 기본권을 강제해서가 아니라, 모두의 생명을 지키기 위해 스스로 방역 당국의 지침을 따르는 성숙한 시민의식은 필요하다. 노약자 등 스스로 방역 상태를 유지하기 힘든 사회적 약자가 바이러스의 위협을 받고 있다면 당연히 자발적으로 참여해야 한다.

미국과 유럽에서 확진자의 사망자가 계속되고 있는 상황에서 이를 극복하기 위해 어떻게 해야 하는지 깊이 성찰하고 행동하는 것은 문명인의 본분일 것이다.

한계에
도전하는 용기

   호박벌의 날개는 작고 앙증맞다. 그 날개로는 절대 날 수 없을 것 같이 보인다. 모든 날개가 날기 위해 있는 것은 아니다. 펭귄은 날개를 물속에서 헤엄치는 데 사용한다. 타조는 커다란 몸과 긴 목을 갖고도 가장 빨리 달릴 수 있다. 작은 날개로 균형을 잡아주어 가능하다.

   선명한 색상에 통통한 엉덩이의 호박벌은 몸집에 비해 날개가 너무 작지만, 난다. 이른 새벽부터 밤늦게까지, 18시간까지 난다. 그 작은 날개로 어떻게 날 수 있을까? 날 때까지 셀 수 없을 정도로 빠르게 날갯짓을 해서 난다. 하루에 1,000여 개의 꽃송이를 옮겨 다니며 필요한 것은 다 얻는다.

우리는, 나는 무엇이 부족해서 안 된다, 어떤 일을 시작하기에는 나이가 너무 많다, 이런 이유로 자신의 한계를 미리 한정해 버린다. 새로운 일을 시도조차 하지 않는다.

펭귄이 작은 날개를 공중에 나는 데 쓰지 않고 헤엄치는 데 사용하고, 타조가 날지는 못해도 작은 날개를 빨리 달리는 데 사용하듯이 우리에게도 무엇인가 부족한 부분을 채워줄 것이 있을 것이다. 호박벌이 날개는 작지만 날 때까지 날갯짓하는 부지런함이 있듯이.

최근 온라인으로 드리는 예배 설교에서 담임 목사가 선배 목사의 이야기를 했다. 은퇴 후 85세가 되었을 때 그가 은퇴 후 무엇을 했나 하는 생각이 들었다고 한다.
평생을 목회에 열심히 헌신했는데 은퇴 후 특별한 계획 없이 보냈다. 갑자기 지난 20년의 세월이 너무 아깝다는 자각이 들었다. 아직도 건강한데. 그래서 결심했다. 지금부터 외국어를 공부해서 주변에 많은 타 인종들에게 전도 활동을 해야겠다. 그 후 열심히 공부해 지금은 활발하게 전도 활동을 하며 보람을 느끼고 있다는 이야기였다.

85세에 다시 외국어를 공부한다는 것이 쉬운 결정은 아니다. 꼭 해야겠다는 의지와 하고 싶은 일에 대한 열정이 힘든 공부를 시작할 수 있게 했을 것이다. 요즈음은 수명이 길어져서 은퇴 후 건강하게 살 수 있는 시간이 상당히 길어졌다. 계획 없이 보내기에는 너무 아까운 시간이다. 무엇인가 가치 있는 일을 이루어 내면 삶의 만족도도 높아질 것이다.

지금 코로나19 팬데믹이 우리 삶을 흔들고 있는 기간이 길어지고 있지만 언젠가 끝이 날 것이다. 지난 역사를 통해 알 수 있다. 재앙이 지나간다 해도 모두에서 깊은 상흔은 남는다. 학생, 청년, 중장년, 은퇴한 시니어들까지도 몸과 마음에 큰 아픔을 겪었다.

하지만 그 무엇도 우리의 꿈까지 뺏어 가지는 못한다. 내게 필요한 일, 하고 싶은 일, 할 일은 많다. 내 속에 있는, 나만이 할 수 있는 것을 찾아내어, 호박벌이 날갯짓하듯이 열심히 노력하면 꿈은 이루어진다.

'솔턴 호수'의
교훈

　솔턴호는 팜 스프링스에서 남동쪽으로 한 시간 거리에 있다. 오래전 '안자 보레고 사막 공원'에서 샌 하신토 산 주변을 한 바퀴 돌아보고 싶어 산 뒤편 86번 도로로 인디오를 향해 가다가 솔턴호를 처음 보았다. 왜 호수가 'Solton Sea'로 불리는지 알 수 있을 만큼 넓었다. 지나면서 간간이 보이는 해변 마을이 너무 조용하고 을씨년스러워 의아했는데, 영화 〈사막의 기적(솔턴호의 영광과 몰락)〉을 소개하는 글을 보고 다시 한번 찾아보기로 했다.

　호수의 서쪽은 몇 번 보았으니 동쪽에 있는 봄베이 비치를 찾았다. 인디오에서 111번 도로를 따라 30여 분 달리면 오른쪽에 봄베이 비치 표지판이 보인다. 비치로 향하자 멀리서 봐도 폐허 같은 타운의 모습이 눈에 들어왔다. 집들은 낡고 허물어져 있었다. 폐가의 벽 사이로 낡은 침대와 소파, 오래된 TV가 세월의 먼지를 뒤집어쓴 채 버려져 있다. 타운을 지나 호숫가로 갔다. 역한 악취가 심했지만 여기까지 왔으니 물 가까이 가보기로 했다. 하얀 변기만 덩그러니 놓여 있는 저곳은 무슨 건물이 있었을까?

프랭크 시나트라와 비치 보이스 등 당대의 스타들이 공연을 할 정도로 휴양객들이 모여들던 곳이라고는 상상할 수 없었다. 각종 철새들의 서식지이고, 캘리포니아 최고의 아름다운 휴양지로 명성을 떨치던 이곳이 왜 이렇게 폐허가 되었을까? 호수의 물이 빠지는 곳이 없다는 것을 간과한 채, 오랫동안 무분별하게 개발하고, 환경오염에 대한 대책 없이 더 즐겁게만 살고 싶어 했던 욕망이 이곳을 거주 불능지역으로 만들었다.

멀리 차를 주차한 머리가 희끗한 한 백인 노인이 호수를 응시한 채 망연히 서 있었다. 배 사이로 걸어 다닐 만큼 많은 유람선이 정박해 있었던 옛날을 회상하고 있을까? 그때에도 분명 있었을 환경오염을 걱정하고, 경고하는 사람들의 말을 듣지 않은 것을 후회하고 있을지도 모르겠다. 요즈음 신문과 방송은 연일 지구 곳곳에서 일어나고 있는 이상기후와 자연재해에 대해 보도한다. 자연재해의 빈도수가 가파르게 증가하고, 발생지역 역시 전 지구로 확대되고 있다고 한다.

수년 전 디스커버리 채널에서 지구 대폭발에 대한 다큐멘터리를 시청했다. 과학자들이 지금까지의 대폭발을 연구한 결과 다시 폭발이 일어난다면, 시작 장소는 옐로스톤이고 빠르게 전 지구로 퍼지는데, 시기는 대략 50만 년 후쯤 될 것이라고 했다. 다행이다 싶어 가슴을 쓸어내렸는데, 이제 지구의 문제는 내부나 외부에서 일으키는 폭발이 아니다. 인간의 욕망에 의한 과다 소비, 과다 탄소배출로 인해 지구가 더 빠르게 인간이 생존할 수 없는 상태로까지 변할 수 있다는 것이다.

과학자들은 《2050 거주불능 지구》 등 제목만 봐도 섬뜩한 저서 등 다양한 책들로 지금 이대로 두면 지구가 인간의 거주가 불가능한 지역이 될 것이라고 경고하고 있다. 과학자들의 말이 사실이라면, 우리는 과연 소비를 줄이고 탄소배출을 줄여 지구의 온난화를 막을 수 있을까? 솔턴호의 비극처럼 자구가 파멸을 향해 가고 있다면, 이것을 막으려는 의지는 있는 것인가? 그렇지 않은 것 같다. 1997년의 교토 의정부, 2015년 파리협정 등을 결의하며 전 세계가 탄소배출을 줄이기 위해 노력함에도 불구하고 미국의 차들은 점점 더 커지고 단단해진다. 최근 BMW는 소형 전기차의 미국 판매를 중단했다. 미국인들이 더 이상 소형차를 사지 않기 때문이다. 세계적인 공룡 기업들은 엄청난 돈을 써가며 설득한다. 더 큰 것을 갖고, 더 좋은 것을 소비하고, 먹을 수 있는 것이 인간이 이룰 수 있는 최고의 꿈이라고, 또 이것을 믿고 싶어 하는 것이 우리의 본능이다. 갈수록 더 소비하게 되어 있다.

최근 리셋코리아의 장은수 실험실 대표는 지구 위기를 경고하는 책을 소개하면서 안전하게 사용할 수 있는 대체 에너지가 충분히 생산될 때까지는 더 오래 입고, 덜 편리하게 살고, 더 소박하게 먹는 것만이 답이 될 수 있다고 요약했다. 그렇다면, 지구를 지키기 위해 필요한 일들을, 지금 당장 시작해야 된다고 생각하는 우리의 이성이, 우리의 본능을 이길 수 있을까?

슬프게도 그럴 수 없을 것이라는 것이 솔턴호를 보면서 든 생각이었다.

진정한 행복의 조건

 한국의 한 TV 프로그램에 탈북한 후 한국에서 학교에 다니는 청소년들이 나왔다. 탈북한 이유와 현재의 상황에 대해 묻자 한 학생이 행복해지기 위해 북한을 떠난 것 같고 지금 너무 행복하다고 대답했다. 그의 표정이 거짓이 아니라는 것을 말해주었다.

 모든 것이 부족하고 자유를 억압받고 살다가 풍요롭고 자유로운 현재의 생활에서 행복을 느끼는 것은 당연하다.

 그 또래 한국 학생도 같은 행복감을 느끼고 있을까. 답은 "아니다"이다. 한국은 OECD 국가 중에서 자살률이 가장 높다. 청소년 사망 원인 1위가 자살인 것을 보면 알 수 있다. 청소년의 30% 가까이가 자살

충동을 느껴본 적이 있다는 보고도 있다. 같은 상황에서도 어떤 학생은 행복해하고 어떤 학생은 그렇지 않은 것이다.

갤럽이 여러 나라 국민을 대상으로 일상에서 얼마나 행복감을 느끼는지를 조사했다. 의외로 가난한 동남아시아와 중남미 국가 국민들이 가장 많은 행복감을 느끼는 것으로 나타났다.

순위는 148개 국가 15세 이상 1,000명을 대상으로
▶ 잘 쉬었다고 생각하는지 ▶ 하루 종일 존중받았는지
▶ 많이 웃었는지 ▶ 재미있었는지 ▶ 즐겁다고 자주 느꼈는지
등을 묻고 "그렇다"라고 답한 비율에 따라 정했다. 한국은 97위였다.

이 조사 결과는, 행복감은 일반적으로 행복할 것이라고 생각하는 객관적인 지표보다 주관적인 감정에 의해 결정된다는 것을 보여주고 있다. 국민소득이 높아 가장 행복할 것이라고 생각되는 북구의 여러 나라에 우울증 환자가 많다는 사실도 이를 증명한다. 행복은 많이 소유해야 얻어지는 것이 아니라 소박한 마음이 행복을 많이 느끼게 해준다는 것을 알 수 있다.

'언제 가장 불행을 느끼는가'라는 조사도 있다. 다트머스 대학의 네이비드 플라워 교수가 전 세계 132개국 국민을 대상으로 몇 살 때 가장 크게 불행을 느끼는지를 조사했다. 47세였다. 이때가 되면 꿈꾸던 미래가 오지 않을 수도 있다는 것을 깨닫게 되고 팍팍한 현실, 가족에 대한 책임감 등으로 불행하다고 느끼는 것이다.

그러면 언제 가장 행복감을 느낄까. 한국인의 대표적인 스승인 한 노교수가 80세가 넘어갈 즈음에 한국의 석학이라고 할 수 있는 두 친구와 지난 삶에서 가장 행복한 때가 언제였는지를 돌아보았다고 한다. 70세부터 하고 싶은 일을 할 수 있을 때까지였다고 한다. 이때는 사회적인 책임, 가족에 대한 책임 등에서 벗어나 하고 싶은 일을 할 수 있다.

모든 의무에서 벗어난 자유로움이 주는 행복감은 누구나 가질 수 있다. 사회적인 성취나 경제적인 성취와도 관계가 없다. 세월이 주는 선물이다. 신이 주는 것이라 할 수 있다. 행복을 놓치지 않을 약간의 지혜만 있으면 된다.

여러 가지 상황으로 삶이 힘든 시기이지만 내게 행복한 시절이 온다는 사실을 아는 것은 삶에 윤활유가 될 수 있다. 무엇인가를 기대하는 삶에는 희망이 생기기 때문이다.

《면역에 관하여》의 저자 율라 비스는 종양학자인 아버지가 스토아 철학책을 탐독한 이유를 이렇게 소개한다. "우리가 자신에게 벌어지는 일을 통제할 수는 없어도 그 일에 대한 감정은 통제할 수 있다는 생각 때문이다". 행복이나 불행을 느끼는 감정은 자신이 통제할 수 있는 것이다.

'어린 왕자'가
떠나간 세상

　프랑스 작가 생텍쥐페리는 1943년 미국에서 소설《어린 왕자》를 발표했다. 그는《어린 왕자》를 추위와 굶주림에 떨고 있는 프랑스 친구를 위로하기 위해 쓴다고 했다.
　2차대전이 한창인 때였다.

　소설에서 어린 왕자는 혼자 살고 있던 작은 별을 떠나 6개의 작은 별을 거쳐 지구에 도착한다. 각 별에는 순수한 마음의 어린 왕자가 도무지 이해할 수 없는 어른들이 살고 있었다.

　작은 별에 혼자 살면서 스스로 왕이라고 생각하는 어른, 모두가 자신을 우러러본다고 잘난 체하는 어른, 쓸모없는 일을 계속하는 어른

등이 살고 있다. 한 사업가는 종일 별들을 세어 종이에 적어 서랍에 보관하고, 수억 개의 별들이 모두 내 것이니 자신이 가장 부자라고 자랑한다.

어린 왕자는 '내 것은 내가 가지고 있는 목도리나 꽃 같은 것인데…. 참으로 이상한 어른이다'라고 생각하며 여행을 계속했다.

이번 팬데믹과 2차대전 중의 참혹했던 참상을 비교하는 것은 무리이다. 그러나 2차대전이 제한된 사람들에게 공포와 불안을 느끼게 했다면 지금은 전 인류가 불안과 공포 속에 살고 있다. 특히 사회적, 경제적 약자에게 더욱 가혹하다. 미국에서 계층별 바이러스 감염 확진자나 사망자의 통계가 그렇게 말하고 있다.

생태학자들은 인간의 탐욕이 지구환경을 훼손해서 새로운 바이러스가 출현했고 또 이런 상황은 계속될 개연성이 높다고 주장한다. 그런데 지나치게 소유하고 소비하는 계층보다 그렇지 않은 계층이 더 피해를 보는 것은 아이러니하다.

지구는 생성 이후 자연적으로 조금씩 변해왔다. 지난 1만 년 동안 섭씨 4도가 올라 현재 환경이 됐는데 산업화 이후에는 불과 100년 만에 1도가 올랐다고 한다. 계속 이런 상태로 가면 더 큰 위험이 닥칠 수 있다는 과학자들의 경고가 섬뜩하다.

지금이 바로 우리가 소박하게 사는 방법을 배우고, 이웃도 돌아봐야 한다는 교훈을 얻어야 할 때인 것 같다.

서울에서 서점을 운영하는 40대 남자가 겪은 경험이다. 코로나19로 서점 운영이 어려워 편의점에서 야간근무 알바를 했다. 밤 12시가 지날 무렵 초췌한 50대 남자가 주뼛거리며 다가왔다. "필요한 것 있으세요"라고 묻자 힘없는 목소리로 답했다. "혹시 유통기한이 지나 폐기하는 도시락이 있습니까?" 몇 개 건네주자 연신 고맙다고 인사하며 나갔다고 한다. 그 남자는 축 처진 사내의 뒷모습을 보는데 마음 깊은 곳에서 뜨거운 것이 올라와 한동안 눈을 감아야 했다고 말한다.

미국도 정부에서 어느 정도 도움을 주고 있다 해도 그런 도움마저 받을 수 없는 사각지대에 있는 사람들이 있을 것이다.

정호승은 시 〈내가 사랑하는 사람〉에서 "나는 한 그루 나무의 그늘이 된 사람을 사랑한다"고 노래했다. 나도 삶에 지친 사람에게 한 그루 나무의 그늘이 될 수 있을지 생각해 본다.

'노년 외로움'의
남녀 차이

코로나 팬데믹으로 비대면 생활이 일상화되었을 때 자주 집 근처에 있는 공원에 가서 독서도 하고, 운동도 했다. 다행히 출입이 가능한 공원은 넓고 곳곳에 테이블이 많이 있다. 공원에 앉아 책을 읽는 것은 장기간 비대면 생활의 무료함을 달래준다.

백신이 보급되기 시작하고, 감염자 수가 줄기 시작하자 공원을 찾는 사람들이 눈에 띄게 늘었다. 책을 읽는 중에 갑자기 앞 테이블 쪽이 소란스러워 고개를 들었다. 70대쯤 되어 보이는 백인 부부와 4명의 중년 남녀, 8명의 아이들이 자리를 잡고 있었다.

한 가족으로 보이는 그들은 가져온 피자와 음료수를 나누어 먹기 시작했다. 부인은 자녀들과 어울려 식사하며 담소를 나누는데 70대 남자가 피자와 소다 하나씩을 들고 옆 테이블로 와 가족을 등지고 앉아 먹기 시작했다. 조용히 혼자 먹고 싶어서였을까? 나와 눈이 마주치자 멋쩍은 듯 고개를 돌렸다.

남자 시니어가 가족들과 잘 어울리지 못하는 것은 미국인도 마찬가지인 모양이다.

몇 해 전 서울대학교 간호학과 연구팀이 10여 개월 동안 경기도 지역 65세 이상의 남녀 독거노인 1,023명의 전면적인 삶의 질을 조사했다.

결과는 국제 학술지 《노인학 및 노인병학》에 발표했다. 이에 따르면 남성 시니어들이 여성보다 외로움과 우울증을 더 많이 겪고, 자살을 시도하는 비율 또한 높았다. 남성은 의식주 해결에도 어려움을 겪고 있고, 지역사회에 있는 복지관의 이용에도 소극적이었다. 당연히 이웃과의 관계도 여성보다 활발하지 못했다.

여성 시니어들은 자녀들과도 잘 어울리고, 사회생활을 하는 데도 젊을 때보다 더 용감해진다. 각종 모임을 만들어 여기저기 다니고 식사 약속도 자주 갖는다.

오래전 LA에서 영어 수업에 참여했던 K 여사는 60대의 싱글이었다. 친구들과 놀러 가고, 공부하러 다니며 가끔 관광사를 통해 여행도 떠난다. 너무 바빠서 하나뿐인 딸이 대구에 다녀가라고 해도 방문할 시간이 없다고 했다. 외로울 수 없는 삶이다.

반면 남자 시니어들은 주변을 둘러봐도 수가 많지 않다. 동창회, 골프모임, 산악회 등에 나가보지만 마음을 터놓을 수 있는 사람을 만나기가 쉽지 않다. 젊을 때는 술잔을 나누며 마음을 터놓기도 했지만, 그렇게 하기에는 기력도 떨어진다.

더구나 시니어를 보는 사회의 시선이 점점 차가워지는 것을 느낀다. 디지털화된 세계는 시니어들을 더 움츠리게 한다.

얼마 전 지방의 한 피자집에서 알바생이 영수증의 배달 주소란에 "말귀 못 알아먹는 80대 할배"라고 적은 것이 알려져 사회적으로 논란이 된 적이 있었다. 시니어들이 살아온 세월만으로 따뜻한 시선으로 봐주기를 바라기에는 사회가 너무 변했다. 지금은 변한 사회에 스스로 적응하는 방법을 찾아야 하는 시대다.

《현대 노인지》의 한 필자는 "당신의 외로움은 그 누구 때문도 아니다. 당신만이 당신의 외로움에 대해 무엇인가 할 수 있다"라고 했다. 혼자서 연구에 몰두하는 학자나, 그림을 그리는 예술가는 혼자 있는 시간을 즐기기 때문에 외로움을 느끼지 않는다고 한다.

노인을 대하는 자세도 예전과 달라졌지만 둘러보면 아직 따뜻한 면도 많이 있다. 자신의 목표가 있으면 외롭지 않고, 아직도 따뜻한 사회를 만들기 위해 시니어들도 무엇인가를 할 수 있다.

한 해를 돌아보는 숲속 산책

한 해를 보내고 새해를 맞을 때가 되면 마음이 분주해진다. 하던 일들을 모두 정리해 보기 때문이다.

간단한 차림으로 숲속을 걷기 위해 혼자 산으로 갔다. 혼자 숲속을 걷는 시간이 삶을 깊이 생각하고 지난날을 조용히 통찰해 볼 수 있게 해준다는 것을 오랜 경험을 통해 알고 있기 때문이다.

숲길에는 낙엽이 되어 걷는 이의 발걸음을 포근히 감싸주는 잎들이 있다.

푸른 잎들 사이에서 홍조를 띠며 색채를 바꾸어 가는 작은 잎들도 있다. 큰 나무를 덮고 있는 저 무수한 작은 잎들도 앞서고 뒤서며 결국은 모두 쇠락해 앙상한 가지만 남을 것이다.

떨어지는 낙엽을 보며 속절없이 달려가는 세월을 본다. 이런 자연의 변화는 우리 사유의 폭과 깊이를 확장시켜 준다.

혼자 숲길을 걷는 시간은 온전히 자신만의 시간이다. 자신의 영혼을 만날 수 있고 내면 깊숙이 있는 마음의 소리를 들을 수 있다. 소셜미디어에 정복당해 가는 시대를 사는 자신을 다시 한번 성찰해 볼 수도 있다. 삶을 조용히 관조하는 일은 자신을 더 성숙하게 한다.

살면서 자주 멈칫하게 하는 일들 때문에 생각까지 멈춰 아무것도 할 수 없을 때가 있다. 이럴 때 걸으면 생각의 흐름이 다시 이어지는 것을 느낄 수 있다. 혼자 걷는 길을 예찬하고, 걸으며 사유하며 글을 쓴 작가·사상가·철학자들을 소개한 책이 있다.

프랑스의 철학 교수 프레데리크 그로의 저서 《걷기, 두 발로 사유하는 철학》이다. 젊은 니체는 걸으면서 생각하고 그 생각들을 모아 놀라운 책들을 썼다. 《차라투스트라는 이렇게 말했다》 등 그의 여러 저서들이 그렇게 나왔다. 하루에 5~7시간 걸을 때도 있었다 하니 걷기가 작가의 생각에 얼마나 큰 도움이 되었는지를 알 수 있다.

프랑스 대혁명과 미국 독립혁명의 이론적 토대가 된 《사회계약론》 등 다양한 저서를 남긴 장 자크 루소도 매일 오랫동안 걸으며 책을 쓴 사람이다. 그는 "걸어야만 명상을 할 수가 있다. 걷기를 멈추면 생각도 함께 중단된다. 내 생각은 반드시 다리와 함께 움직인다"라고 썼다.

미국의 위대한 철학자인 헨리 데이비드 소로는 2년여를 동부의 콩코드에 있는 호숫가에 오두막을 짓고 자급자족하며 자연 속에서 살았다. 검소한 생활의 기쁨을 예찬하고, 몸소 실천한 사람이다.《월든》, 《시민 불복종》등 여러 저서로 간디, 톨스토이 등 많은 후대의 작가와 사상가들에게 큰 영향을 끼쳤던 그도 "홀로 떠나는 도보 여행이 최고의 여행이다"라고 했다.

이들과 같은 사유를 통해 세상일에 대한 지나친 집착 때문에 겪는 번민에서 벗어나 보는 것도 좋은 것 같다. 코로나 변이 때문에 생기는 불확실한 미래에 대한 불안도 떨쳐버릴 수 있을 것이다.

자연이 주는 기쁨과 함께 자연에서 지혜를 얻는다면 옛 조선의 선비처럼 '초가삼간 지어내어 반간은 바람으로 채우고, 반간은 달빛으로 채우고, 강산은 들일 데 없으니 둘러두고 보리라'라는 경지에 조금은 다가설 수 있을 것이다.

한 해의 끝에서 지난 시간을 반추하는 숲속의 산책은 삶에서 무엇이 중요한지를 생각해 보는 소중한 기회가 될 것이다.

아직 끝나지 않은 코로나 터널

벌써 2년이다. 코로나19가 발생하고 전 세계로 급속하게 확산되면서 각국은 특단의 조치를 취하기 시작했다. 지난해 가을쯤이면 다시 일상을 회복할 것이라고 생각했었다. 그 가을이 지나고 또 한 번의 가을이 지나고 있는데 아직 코로나의 늪에서 빠져나오지 못하고 있다.

지난 코로나와의 2년이 물리적으로는 긴 세월이 아니지만 느껴지는 무게에 있어서는 한없이 엄중한 시간이었다. 이쯤에서 한번 복기해 보는 것도 앞으로의 현명한 대처를 위해 좋을 듯하다.

코로나가 인간 세상에 침투하면서 처음 발생한 중국에서 엄격한 통제가 시작됐다. 한국에서도 초기 감염자의 동선이 모두 추적, 발표돼

사생활까지 노출되는 것을 보면서 국가가 이렇게까지 개인의 자유를 억압할 권리가 있는가 하는 의구심이 들었다.

국가가 그렇게 통제하지 않더라도 스스로 방역에 협조해 곧 코로나를 종식시킬 수 있을 것이라며 우리의 이성을 믿었다. 그러나 2년이 지난 지금 코로나가 만든 이 혼란스러운 상황이 계속되는 것을 보면서, 또 백신이 나온 후 1년간의 대처 과정을 보면서 생각이 많이 바뀌고 있다.

우리의 상황이 코로나를 엄격히 통제하는 나라보다 못한 것 같다고 자조하는 사람들의 생각에 마음이 간다. 미국은 코로나 확진자와 사망자가 가장 많은 나라 중 하나다. 알래스카주 주민 수보다 더 많은 인구가 사라졌다. 코로나 때문에 고통을 겪고 있는 비즈니스는 아직도 많다. 이들을 지원하기 위한 정부의 지출도 천문학적인 규모로 늘고 있다. 이는 앞으로의 경제 상황을 불안하게 하는 요인이 될 것이다.

어린이들은 마스크에 갇혀 마음껏 숨을 쉬지도 못한다. 학교 교육에 대한 불안, 혼란 등으로 충분한 교육을 받지 못하는 상황이 장기화되면 미래를 암울하게 할 수 있다.

미국의 1일 확진자가 다시 10만 명에 육박하고 있고, 유럽과 한국도 확진자, 중증 입원자, 사망자 모두 최고치에 달하고 있다. 델타 변이보다 훨씬 더 강력한 변이 오미크론은 남아공에 이어 캐나다, 유럽 각국에서 발견됐다. 미국에서도 확진자가 나왔다.

세계가 긴장하고 서로의 왕래를 통제하며 다시 빗장을 걸고 있다. 이런 것들은 코로나를 예방할 수 있는 백신이 나온 지 거의 1년이 지난 후에 벌어지는 상황이다. 《뉴욕타임스》에 따르면 코로나로 인한 미국인 사망자 수는 발생 첫해보다 백신이 나온 후 1년이 더 많다고 한다.

지금은 늦은 것 같지만 80% 이상이 백신 접종을 마쳤으면 집단 면역이 생겨 코로나로 인한 혼란을 막을 수 있었을 텐데 너무 아쉽다.

2차 접종을 마치고 다시 시작한 영어 수업에서 수강생들의 3차 부스터샷에 대한 생각이 서로 다르다는 것을 알았다. 접종을 망설이는 이유는 백신을 반대하는 사람들의 계속적인 주장에 영향을 받아 생긴 불신과 두려움이 커졌기 때문이다. 또한 1, 2차 접종으로 항체가 충분히 생겼을 것이라는 막연한 믿음도 있다. 이런 모든 것들이 바른 사고를 하기 위한 우리의 판단을 방해하고 있다.

더 지켜봐야겠지만 새로운 변이가 슈퍼 파워를 가지고 계속 등장한다면 생각만 해도 끔찍하다. 백신 접종 의무화를 반대하는 주와 단체들도 있다. 지금은 개인의 자유가 먼저라고 생각하기에는 너무 현실이 엄혹하다. 방역 당국의 조치에 적극 협조하는 것만이 이 긴 터널을 빠져나오는 최선의 방법이다.

대구로
달려가는 사람들

 중국 우한을 덮치고 전 세계로 퍼져가는 코로나바이러스가 한국, 특히 대구와 경북 지역을 강타했다. 한국은 중국 다음으로 바이러스 확진자 수가 많이 나왔다. 그동안 경제, 문화, 체육 등 모든 분야에서 세계에서 괄목할 만한 성취를 이루어 내어 한껏 고양되었던 마음이 한순간에 무너지는 느낌이다. 특히 중국에서나 일어날 수 있는 일이라고 여겨졌던 어느 의사의 일가족 4명이 병원 치료도 못 받고 사망한 사건 같은 일이 대구에서도 일어났다. 70대 환자가 병실이 없어 입원도 못 해보고 사망한 것이다. 참담한 심정이다. 대구는 우리가 상상해 볼 수 있는 어떤 상황보다 더 나쁜 모양이다. 부족한 병실, 피로에 지친 의료인들, 구하기 힘든 마스크, 인적이 끊긴 적막한 도시는 유령의 도시를 방불케 한다. 이럴 때 대구로 달려가는 사람들이 있다. 의사 24

명, 간호사 167명, 간호조무사 157명, 임상병리사 52명, 행정직 90명 등이 그들이다. 그동안 우한에서 의료인들의 감염 사례가 많았다. 이들은 그것을 잘 알고 있을 것이다. 위험한 대구를 구하고 바이러스가 전국으로 확산되는 것을 막아야 된다는 마음이 더 컸을 것이다. 끔찍한 재난 지역으로 위험에 처한 이들을 한 명이라도 더 구하기 위해 달려간 사례는 그동안 많이 있어왔다. 1979년 8월 24일 고대 로마의 도시 폼페이 인근 베수비오산의 화산 폭발로 도시 전체가 아비규환 상태에 빠졌다. 폼페이와 떨어져 있던 부대의 함대 제독이었던 폴리니우스는 모두가 말렸지만 군함을 이끌고 부하들과 죽어가는 사람들을 구하기 위해 달려갔다. 그는 구조작업 중 독성이 강한 화산 가스에 질식해 목숨을 잃었다.

2001년 9월 11일 뉴욕 맨해튼에 있던 세계 무역 센터의 두 빌딩이 이슬람 극단주의 세력인 오사마 빈 라덴과 그가 이끄는 무장조직 알카에다의 항공기 공격을 받았다. 두 빌딩이 화염에 휩싸여 무너져 갈 때 빌딩 안의 사람들을 구하기 위해 불타는 빌딩 속으로 들어가 구조작업 중 목숨을 잃은 소방관과 경찰 등이 400여 명이다.

한 젊은 소방관은 맨해튼이 보이는 브루클린 해변에서 아내와 신혼 휴가를 즐기다가 화염에 휩싸인 빌딩을 보고 달려가 구조작업을 하다 사망했다.

한국에서도 대통령이 대구로 달려가고, 국무총리가 대구에 상주하며 구조작업을 하고 있다. 인근 지역 경남, 부산, 광주 등에서도 환자들을 나누어서 치료하는 등 총력적으로 협조하고 있다. 대규모 집회는 스스로 자제해서 바이러스의 확산을 막고, 밀폐된 곳에서의 모임도 취소해, 방역 활동에 참여하고 있다. 이런 엄중한 시기에도 서로 비난하는 사람들이 있다. 지금은 양쪽으로 나뉘어서 싸울 때가 아니다.

미국에서 9.11 공격이 있었을 때, 전 미국이 하나가 되어 구조작업을 하고, 같이 애도했다. 공격한 자들을 끝까지 추적해서 응징해야 한다는 데 95%의 국민들이 찬성해 정부에 힘을 실어주었다. 그때 미국 정부도 공격 징후를 포착하고도 공격을 막지 못한 책임이 있었다.

지금까지의 바이러스 확산은 막지 못했지만, 외환위기 때 전 국민이 한마음이 되어 위기를 조기 극복한 것처럼, 이번 위기도 전 국민이 한마음이 되어 잘 극복했으면 좋겠다. 위험한 지역 대구로 달려가는 분들과 바이러스와 사투를 벌이고 있는 대구 시민들을 응원한다.

위기를 기회로
바꾸는 사람들

겨울이 되면 우리는 봄을 기다린다. 우리가 기다리고 있는 것이 어찌 봄뿐일까. 코로나가 가져온 어두운 기운을 쫓아낼 희망의 전령도 같이 기다린다.

실패했다고 생각되는 지점에서 새롭게 시작한 일이 큰 성공이 되는 경우도 있다. 스티브 잡스가 대표적이다. 그는 디지털 혁명을 통해 인류의 삶을 크게 변화시켰다.

2005년 6월 그는 스탠퍼드 대학의 졸업식에서 그의 출생, 성공과 좌절 등에 관해 짧지만 감동적인 연설을 했다.

대학원생으로 미혼모였던 스티브 잡스의 생모는 그를 입양 보내기로 결심한다. 우여곡절 끝에 양부모에게 입양됐는데 그들은 고등학교도 졸업하지 못한 사람이었다. 생모는 강력하게 요청해서 아들을 꼭 대학에 보내주기로 약속받고 입양동의서에 서명했다. 스티브는 17세에 칼리지에 입학했다. 양부모의 평생 모은 돈이 학비로 다 사용되는 것을 보고 6개월 뒤 자퇴하기로 결심한다.

불확실한 미래에 대한 두려움이 컸지만 18개월을 더 캠퍼스에 머물며 듣고 싶은 과목을 청강했다. 기숙사 친구 방의 바닥에서 잠자고, 음식을 사 먹기 위해 5센트짜리 빈 캔을 모았다. 그때 청강한 과목 중에 서체학이 있었다. 당시 리드 칼리지는 미국에서 가장 우수한 서체학 강좌를 가지고 있었다. 이 공부가 미래에 어떤 도움이 될지 전혀 몰랐지만 그는 자신의 의지, 직관, 선택을 믿었다.
20세에 양아버지의 차고에서 친구와 애플을 시작하고 9년 뒤 최초의 개인용 컴퓨터 매킨토시를 만들 때 그때 배운 서체학이 사용됐다.

애플은 큰 성공을 거뒀지만 그는 30세에 애플에서 쫓겨나게 된다. 세상이 끝나고 하늘이 무너지는 것 같은 충격을 받았다. 지금까지 이뤄온 모든 것이 물거품이 됐다고 생각했다. 몇 달간의 방황 끝에 자신 속에 아직도 자기 일을 사랑하는 마음이 있음을 깨닫고 나시 일을 시작하기로 결심한다. 영화사 픽사와 넥스트를 설립하고 5년 동안 열심히 일했다. 애플에서는 성공에 대한 중압감 때문에 할 수 없었던 일을 아무 부담 없는 초심으로 돌아가서 다시 연구하고 개발에 몰두할 수 있었다.

그때 설립한 애니메이션 영화사는 지금 세계 최고가 되어 있다. 어려움을 겪던 애플로 다시 돌아간 그는 그때 만든 혁신기술로 애플을 재도약시키는 데 성공한다. 그는 일생에서 겪었던 가장 어려운 역경과 시련을 극복하고, 가장 위대한 성취의 기회로 활용한 것이다.

우리에게 일생에서 겨울이 있다면 지금일 것이다. 코로나처럼 우리가 얼마나 무력한 존재인지를 일깨워 준 것은 일찍이 없었다. 그동안 이룩했다고 자랑스러워했던 모든 것들이 일순간에 사라지는 경험도 했다. 백신 접종 문제로 첨예하게 의견이 대립되어 서로 비난하는 아픈 경험도 했다. 아직도 언제 더 무서운 변이가 나타날지 몰라 무거운 마음이다.

하지만 우리는 미래를 생각하고 믿어야 한다. 우리는 역경과 시련을 벗어나려 끊임없이 노력하는 본성을 가지고 있다. 아무리 큰 어려움이라도 극복되지 않는 것은 없다. 겨울이 지나면 다시 일상이 회복되는 봄이 올 것이라는 믿음이 필요하다. 그때 지금 한 일이 자양분이 되어 앞으로의 우리 삶에 큰 도움이 될 수도 있다. 현명하게 겨울을 보내며 멀리 내다보고 더 큰 마음으로 어려움을 극복해야 한다. 지금 겪는 시련 때문에 새로 시작한 일이 우리 일생을 바꾸는 경험을 꼭 스티브 잡스만 하라는 법은 없다.

글과 말이 주는 위로

한동안 내리지 않던 비가 한꺼번에 내리는 모양이다. 뒤뜰의 나무들이 더욱 푸르러 보인다. 좋은 책을 읽는 것도 대지에 내리는 비와 비교할 수 있다. 대지에 풍부하게 스며든 비는 우거진 숲을 만들고 많은 곡식과 과일을 내고 아름다운 꽃을 피우게 한다.

좋은 글도 사람에게 들어오면 마음에 숲을 만들고 과일도 내고 좋은 향기가 나는 꽃을 피우게 할 수 있다. 이는 세상을 보다 바람직한 사회로 변화시키는 사람이 될 수 있는 개연성이 높아진다는 것을 의미한다.

강의나 설교도 독서와 같은 작용을 한다. 좋은 설교는 반성하게 하고 변화시키고 희망을 준다. 목사 존 파이퍼는 미국의 영적 지도자 중의 한 명이다. 그의 설교〈인생을 낭비하지 마세요〉도 마음 깊이 울림을 준다. 그는 설교에서 "많은 사람들이 학교를 졸업하고, 직장을 가지고, 다른 사람의 사랑을 받고, 가정을 이루고, 건강하고, 멋지게 은퇴하고, 편하게 죽기를 바라고, 지옥에 가지 않기를 원한다"며 "이런 것들을 성취하는 것을 아메리칸드림이라고 생각한다"고 말한다.

그러나 그는 이런 것보다 더 중요한 것이 있다고 강조한다. 그는 평생을 간호사로 살았던 루비 엘리슨의 삶을 예로 든다. 그녀는 가난하고 병들고 힘든 사람들을 위해 헌신하는 삶을 살았다. 비록 자동차 브레이크 고장 사고로 세상을 떠났지만 그녀의 삶은 어느 누구보다도 가치가 있었다.

파이퍼 목사는 "인생의 마지막 장에 창조주 앞에 섰을 때, 창조주가 무엇을 하며 살았느냐고 물을 때 어떻게 말하겠는가. 좋은 집, 좋은 차, 보트 등을 보여주겠는가. 이런 것들을 위해 인생을 낭비하면 안 된다"고 강조한다.

우리 삶을 깊이 들여다보게 하는 설교다. 우리가 자신과 가족의 안락한 삶에 최고의 가치를 두고 살아가고 있는 동안에 어떤 사람들은 좀 더 세상을 정의롭게 하기 위해 자신의 삶을 헌신하고 있는 것이다.

며칠 사이에 상당히 달라진 세상을 본다. 비상사태 선포 후 마켓에서 사재기하는 현상을 목격한 80세 노인이 TV 인터뷰에 나와 생전에 이런 혼란은 처음 겪는다고 말하는 보도를 보았다. 알 수 없는 미래에 대한 공포심이 사람들을 불안하게 한다.

이럴 때 평정심을 잃지 말고, 의연하게 현재 상황이 진정되기를 기다리는 것이 주변을 안정시키는 일에 도움이 될 것 같다. 집에 있는 시간이 많은 이때 좋은 글을 읽고 강연을 듣는 것이 정신건강에 필요하다.

홀로코스트에서도 병자들을 위로하고, 자신의 빵을 더 약한 사람들에게 나누어 주는 사람들이 있었다. 중국이나 한국을 보더라도 시간이 지나면 사태가 진정되는 것은 분명해 보인다.

얼마 전 캘리포니아에 평소보다 많은 비가 내렸을 때 여기저기 야생화가 만발해 메마른 주변을 아름답게 수놓은 적이 있었다. 아름다운 자연만큼이나 좋은 글과 말씀도 세상을 정의롭게 하고 아름답게 하는 데 보탬이 된다.

슬기로운
코로나 격리 생활

일상이 무너지고 있다. 당연한 것이라고 생각하던 삶이 속절없이 무너지고 있는 것이다. 매주 만나 등산을 하고 모여서 영어 공부를 하고 가끔 커피를 마시며 담소하던 관계들이 사회적 거리두기 때문에 모두 단절됐다. 자주 찾던 도서관도 문을 닫아 책을 몇 권 들고 가까운 공원을 찾아보았다. 평소보다 인적이 드물었다.

신종 코로나바이러스 사태가 발생하자 자연을 훼손하며 성취한 문명에 대한 자연의 보복인가 하고 생각하는 사람들이 많다. 그동안 이룩한 문명의 힘으로 우리에게 일어나는 모든 일들을 해결할 수 있다고 큰소리치던 세계 지도자들의 말들이 얼마나 보잘것없는 허언이었는지를 알게 됐다. 우리가 이렇게 약한 존재였다는 것을 실감하니 어이가 없어진다.

이런 어려운 상황이 수습되더라도 언제든지 또 일어날 수 있다고 하니 우리의 삶에 변화가 필요해 보인다. 새로운 세상이 점점 더 단절된 세상이라면 그 사회에 적응할 지혜를 배워야겠다.

지금 우리는 몸이 갇혀 있지 마음까지 갇혀 있는 것은 아니다. 이렇게 칩거하는 시간이 길어지니 자신을 깊이 성찰할 여유가 많아지는 이점도 있다.

그동안 나중에 하지, 하고 마음속에 담아두었던 일들을 이번 기회에 해보는 것도 좋을 것 같다.
도서관에서 북 세일 할 때마다 보고 싶은 책들을 구입하고도 못 읽은 책들이 많은데 이 기회에 읽을 수 있는 것도 소득이다.

시도했다가 중지한 영어 성경 필사도 다시 시작해 본다. 매일 배달되는 신문을 더 꼼꼼히 읽어보는 것은 또 다른 재미다.

코로나 피하려면 산중 캠핑이 최고라며 RV를 가지고 한적한 곳으로 떠난다는 이야기를 들어봤는데, 캠핑 또한 나쁘지 않을 것 같다. 좀 더 따뜻해지면 산이나 호숫가에 텐트를 치고 자연 속에서 독서도 하고 무상무념에 빠져보며 이 엄혹한 시기를 견디어 보는 것이다.

또 멀리 떠나지 못하면 어떤가. 지난 시절 친구들과 자연 속에서 야영하며 가졌던 즐거운 시간들을 회상하는 것만으로도 혼자 있는 외로움을 어느 정도 이기게 해줄 것이다.

영화 〈쇼생크 탈출〉에서 주인공 앤디는 교도소 직원 사무실에서 일하던 중 혼자 있을 때 모차르트의 〈피가로의 결혼〉 레코드판을 보게 된다. 그중에서 자신이 가장 좋아하는 '수잔나와 콘데사'가 부른 듀엣곡을 전 재소자가 들을 수 있게 해준다. 수감자 모두가 이 노래를 들으며 잠시 일손을 놓고 해방감에 젖는다.

이 일로 소장의 노여움을 산 그는 2주간 독방 생활을 한다. 그가 돌아왔을 때 동료들이 위로하며 독방 일주일이 1년보다 길게 느껴지는데 어떻게 견디었느냐고 묻자, 모차르트가 함께 있어서 지루하지 않았다고 대답했다. 레코드를 들을 수 있었느냐고 놀라는 그들에게 그는 머리와 가슴을 가리키며 누구도 뺏어갈 수 없는 이곳에 내 음악이 있다고 웃으며 대답한다.

머리와 가슴에 숨겨둘 수 있는 것이 어찌 음악뿐이겠는가. 자신이 좋아하는 다양한 것들을 담아둘 수 있다. 그중에서 가장 좋은 것은 언제든지 필요할 때 꺼내 슬며시 웃을 수 있는 아름다운 추억이다. 누구도 무엇으로도 가둘 수 없는 마음으로 훨훨 날아보면 이 어려움을 극복하는 데 도움이 될 것 같다.

우리는
왜 불행한가?

가주에 거주하는 한인 시니어(65세 이상)들의 삶의 만족도가 상당히 낮은 것으로 조사됐다. UCLA 보건정책 연구 센터가 조사하여 미국 가정의학 학술지에 게재한 것에 의하면 한인 시니어들의 만족도는 39.7%로 필리핀계(76.6%), 백인(82.7%), 라티노(74.3%), 흑인(70.3%) 등 타 인종에 비해 현저하게 낮게 나타났다.

한인 시니어들의 삶의 만족도가 낮은 이유는 무엇일까? 한국인이 가진 삶에 대한 공통된 인식과 무관하지 않을 것이라고 생각된다. 한국은 OECD 국가 중에서 18년째 노인 자살률 1위의 불명예를 안고 있다. 일본보다는 거의 3배나 높은 수준이다.

한국은 단기간 눈부신 경제발전으로 선진국에 진입했다. 인구

5,000만 명 이상, 국민소득 3만 달러 이상인 7개 국가 중 하나다. 이런 한국이 2022년 유엔에서 발표한 세계 행복 보고서에서 146개국 중 59위에 머물렀다. 경제발전만큼 행복 지수는 높아지지 않았다. 특히 "어떻게 살아야 할지 선택의 자유에 만족하는가?"라는 질문에 긍정적으로 답한 비율은 세계 112위로 최하위권이었다. 자신이 원하는 삶을 선택할 수 없는 사회 분위기가 있다는 얘기이다.

지난 5월 발표된 한국 어린이의 행복 지수 역시 OECD 22개국 중 22위로 꼴찌였다. 누가 이 어린이들을 이렇게 만들었을까. 이에 대해 김누리 중앙대 교수는 한국 교육의 실책 때문이라고 주장한다.

김 교수는 그가 7년간 공부했던 독일과 한국의 교육 현실을 비교한다. 그에 따르면 한국은 초등학교 때부터 대학까지 차등화하고 서열을 강조한다. 그 결과 소수의 상위그룹을 제외하고는 좌절감과 열등감을 경험하게 되고 열등감이 내면화돼 성인이 되어서도 행복할 방법을 알지 못한다고 한다. 서열화의 승자도 행복하지 못하기는 마찬가지다. 현재를 유지해야 한다는 강박관념이 스트레스로 작용해 늘 불안을 느낀다는 것이다.

반면 독일 교육은 차등화를 하지 않는다고 한다. 경쟁이 최고를 만든다는 생각은 틀릴 수도 있다는 것이다. 서로 다르다는 것을 인정하면서 자연스럽게 구김살 없이 자라도록 교육한다.

미국도 차등 교육을 하는 국가다. 일부 공립고등학교가 우수 반을 운영하는 것 등이 그 예다. 그 결과 미국도 세계 행복 지수 순위에서 차등 교육을 하지 않는 유럽 국가들에 한참 밀린다.

소설《적과 흑》으로 잘 알려진 프랑스의 문호 스탕달은 "우리가 세상에 존재하는 목적은 부자가 되기 위해서가 아니고 행복해지기 위해서다"라고 말했다. 행복해지기 위해 살게 하려면 초등학교부터 행복에 대해 가르치고 행복을 느낄 수 있는 감수성을 길러주는 독일의 교육을 참고할 필요가 있다.

한국 사회는 교육과정만 차등화하는 미국과 다르게 평생 남과 비교하게 만드는 사회다. 끊임없이 남과 비교하게 만드는 사회는 행복한 사회라고 할 수 없다. 행복할 수 있는 교육도 받지 못했고 사회로부터 도움도 받을 수 없다면 스스로 행복할 수 있는 방법을 찾아야 한다.

《분노의 포도》를
다시 읽는 이유

세계 1차대전 당시 미국 농업은 기계화, 대형화되면서 농산물의 유럽 수출로 호황을 누렸다. 전쟁이 끝나 유럽에서 농업이 재개되자 수출길이 막혀 농업이 어려움을 겪게 된다. 설상가상으로 대공항 시기 중부지역에서 몇 년간 연이은 자연재해가 발생해 농장이 황폐해졌다. 많은 농민이 땅을 버리고 고향을 떠났다. 소문만 믿고 캘리포니아로.

작가 존 스타인벡은 오클라호마까지 가 이주민들의 힘든 여정에 동행하면서 유명한 소설《분노의 포도》를 구상하고 썼다. 그는 이 소설에서 당시 소작 농민들과 이주 노동자들의 실상을 너무 적나라하게 묘사해 그것을 불편하게 여긴 기득권층으로부터 철저하게 배척되었다.

퓰리처상과 노벨상까지 받은 작품이지만 그의 고향 캘리포니아와 소설 속 주인공 톰 조드가 살았던 오클라호마에서는 판매가 금지되었고 일부 주에서는 책이 불태워지기도 했다.

소설의 주인공 조드는 가족과 케이시 목사와 함께 낡은 트럭을 타고 캘리포니아로 향한다. 이 여행이 얼마나 험난했던지 할머니와 할아버지는 여행 중 숨지고 형과 여동생의 남편은 일행을 떠나버린다.

우여곡절 끝에 캘리포니아에 도착했지만 일거리가 충분한 희망의 땅은 아니었다. 판로가 막힌 채 과잉 생산이 된 농작물, 넘쳐나는 일꾼들로 임금을 깎고 또 깎는 불공정한 현실, 가격 유지를 위해 농작물을 강에 버리는 농장주들, 그것을 비호하는 세력가들, 굶주린 노동자들은 분노의 눈동자가 포도알처럼 커가고 있었다.

케이시 목사는 이 비참한 노동자들의 현실을 개선하기 위해 노동운동에 뛰어든다. 케이시 목사가 피살되자 조드도 노동운동에 뛰어들기 위해 집을 떠난다. 가족들은 일거리를 찾아 옮겨 다니다 여동생 로즈가 사산하는 아픔을 겪는다. 어머니와 로즈가 그 지역에 닥친 홍수를 피해 언덕에 있는 헛간으로 들어갔다가 굶주림으로 죽어가는 노동자와 아이를 만났다. 로즈가 누워 있는 노동자의 머리를 안고 사신의 젖을 꺼내 물린다. "드세요. 드셔야 살아요."

코로나 사태 때문에 실시한 비상 경제정책의 후유증, 소련과 우크라이나의 전쟁 장기화가 세계 경제에 짙은 먹구름을 드리우고 있다. 유럽은 경험한 바 없는 혹독한 겨울을 예상하고 아르헨티나 등 여러 나라에서는 물가 급등에 항의하는 시위가 일상화되어 있다.

한국도 이 격랑을 피해 가기 힘든 모양이다. 노인 복지 예산을 삭감해 하루 11시간 일한 노인 일당이 겨우 만 원 남짓이고, 폐지를 주워 생활하는 노인들은 점점 더 늘고 있다고 한다. 미국은 다행히 저소득층을 위한 식품 보조비를 상향 조정 하는 등 소외 계층을 위한 정책을 유지, 강화하고 있다. 경제가 비교적 탄탄한 두 나라의 취약 계층을 위한 정책 차이는, 지향하는 정책의 우선순위에 대한 정부의 입장 차이 때문인 것 같다.

스타인벡이 말하고 싶어 하는 것처럼, 우리는 모두 아픈 사람들이다. 서로 더 이해하고 더 아픈 사람을 안아줄 수 있는 마음의 여유를 갖는 것이 세계인과 스스로를 구원하는 것일 것이다.

고맙고
감사하다

우리는 미지의 세계, 가보지 못한 곳에 강한 호기심을 갖고 있다. 이 것은 어떤 장소일 수도 있고 다가올 미래일 수도 있다. 내가 70대가 되었을 때의 세상은? 100세가 되었을 때 내 건강은 어떨까?

이런 면에서 최근 《중앙일보》에 개재된 김형석 교수의 글 〈120세도 바라보는 시대, 장수가 축복이 되려면…〉은 고맙고 감사하다. 104세 라는 내가 가보지 못한 미지의 세계에 있는 그의 진솔한 고백이어서 다. 나는 오래전부터 그의 저서를 읽기 시작했고, 또 그의 강연을 들으 며 그의 인간에 대한 폭넓은 이해와 사랑, 역사와 사회에 대한 한결같 은 책임의식을 잘 알고 있다.

그는 어려운 유학 생활을 잘 견디고 오늘을 있게 해준 신에게 감사하며 방학 때는 지방까지 다니며 강연회를 했다. 그는 철학 교수로, 베스트셀러 작가로 인지도가 높아 강연 요청도 많았다고 한다.

김 교수는 오래전 한 강연에서 모두 같이 잘 살 수 있는 제도와 기독교 윤리에 관해 얘기했다. 요지는 이렇다.

"지금까지 인간이 만든 제도는 자본주의(시장경제)와 공산주의(계획경제)가 있는데 공산주의는 인간이 실현할 능력이 없음을 역사가 증명하고 있어 폐기되어야 한다. 자본주의의 시장경제는 필연적으로 경제적 불평등을 만들게 된다. 시장경제에서는 자신의 소유물을 임의로 사용하는 것을 비난할 근거가 없기 때문에 불평등이 심화하고 사회적 혼란이 야기될 수밖에 없다. 대안이 되는 것이 기독교 윤리다. 여기에는 많이 가진 자가 사회적 약자에게 나누어 주어야 하는 근거를 제시하고 있다. 예수가 그렇게 가르쳤기 때문이다"

그의 인간에 대한 깊은 연민과 사랑을 느낄 수 있는 강연이었다. 하지만 오랜 세월이 지난 지금 공산주의는 사라지지 않고 인간의 자유를 더 억압하고 있고, 또 종교가 사회적 불평등 해소에 기여할 수 있다고 믿는 사람은 없는 세상이 되어 있다.

김 교수는 104세가 된 지금 90세 이후의 생각과 95세부터의 삶에 관해 이야기했다. 아직 가보지 못한 미래에 대해 눈을 뜨게 해주는 것이다. 그는 90세까지 계획된 삶을 살았고, 그 후에는 주어지는 대로 충실히 살아왔다고 했다. 또 95세부터는 정신이 약한 육체를 이끌고 있다고 고백한다.

한국보다 100세 이상 인구가 10배나 많은 일본에서 100세 이상 살기 바라는 인구의 비율은 21%에 불과하다고 한다. 100세 이상 시니어의 힘든 삶을 우리보다 더 많이 곁에서 볼 수 있기 때문이라고 한다. 육체의 한계가 이렇게 뚜렷하다고 해도 육체를 더 강하게 훈련할 수 있는 방법은 아직 없다. 그렇다면 약해진 육체를 이끌어 가야 할 정신을 더 강하게 훈련해야 할 것 같다는 생각을 해본다.

"120세까지 사세요"라는 인사보다 "더 오래 우리 곁에 계셔주세요"라는 인사를 듣고 싶다는 김 교수님에게 "더 오래 우리 곁에서 좋은 얘기를 해주세요"라고 인사하고 싶어진다.

칼 카쳐의
아메리칸드림

한국 언론의 보도에 따르면 아직도 인천 공항에는 많은 시니어가 찾아와 한적한 곳에 돗자리나 비닐을 깔고 김밥을 먹거나 믹스 커피를 마시며 소일한다고 한다. 집 근처의 카페나 백화점 등은 젊은이들이 싫어해 오래 머무를 수가 없다는 것이다. 집에서 TV를 보는 것도 한계가 있으니 어쩔 수 없이 밖으로 나오지만 갈 곳이 없는 것이다. 나이 든 사람들이 구석으로 밀려나고 있다는 느낌이다. 미국에서는 보기 드문 현상이라 더 씁쓸하게 느껴진다.

미국에서 한인 시니어들이 많이 찾는 곳 가운데 하나가 맥도날드, 버거킹, 웬디스, 칼스 주니어 등 햄버거 프랜차이즈 매장이다. 가격도 비싸지 않고 내부는 넓고 쾌적하기 때문이다. 또 직원이나 다른 고객들이 눈치를 주지도 않는다.

햄버거는 대표적인 미국의 서민 음식이다. 백인이 주류를 이루며 전통을 고수하는 작은 도시 중에는 햄버거 프랜차이즈 매장을 거부하는 곳도 있으나 저렴하게 한 끼 식사를 해결할 수 있어 대부분의 지역에서는 환영을 받는다.

이 중 LA에서 처음 시작한 햄버거 프랜차이즈가 칼스 주니어다. 1941년 7월 17일 칼 카쳐(1917~2008)가 부인 마거릿에게 311달러를 빌려 LA의 플로렌스(Florence)와 센트럴 애비뉴(Central Ave) 코너에 있는 작은 핫도그 노점을 인수하면서 시작되었다.
매장은 곧 4개로 늘어났고 햄버거 등 더 많은 메뉴를 추가하며 급성장했다.

당시의 메뉴 사진에는 "우리는 고기를 그릴에 굽습니다"라는 문구가 적혀 있고, 좋은 품질과 서비스를 제공하겠다는 약속도 있다. 그 덕에 지금은 맥도날드, 버거킹, 웬디스 다음으로 많은 매장을 확보했을 만큼 고객의 사랑을 받고 있다.

칼 카쳐가 처음 인수한 가게의 핫도그 1개 가격은 10센트였다. 그리고 인수 후 햄버거 등의 메뉴를 추가했다. 이 당시 햄버거 가격은 35센트, 감자튀김 20센트, 타코 25센트, 코카콜라는 10센트에 판매되었다고 한다.

미국에는 수많은 햄버거 프랜차이즈 브랜드가 있지만 선호도 조사 결과를 보면 칼스 주니어의 햄버거도 10위 안에 들곤 한다. 필자가 칼스 주니어에 관심을 갖게 된 것은 매장 벽에 칼스 주니어의 설립 과정을 간단히 설명하는 동판을 보고서다. 이 동판에는 칼스 주니어의 창업자인 칼 카처가 한 말이 좀 더 크게 새겨져 있다. "미국에는 아메리칸드림이 살아 있고, 그 꿈은 잘 이루어지고 있다. 나는 그것을 안다. 내가 그렇게 살았기 때문이다"

지금은 '아메리칸드림'을 이루기 어렵다고 생각하는 사람들이 많다. 물론 과거처럼 '아메리칸드림'을 자주 목격할 수 있는 시대는 분명 아니다. 그러나 꿈은 어려울 때 꾸는 것이다. 또 성취해야 할 꿈이 꼭 경제적인 성공만을 의미하지도 않을 것이다.
목표는 사람에 따라 다를 수 있다.

미국이 세계의 다른 어느 나라보다 아직 더 많은 기회를 주고 있다는 것만은 분명한 사실인 것 같다. '아메리칸드림'은 아직 가능하다는 얘기다.

정신
바짝 차려야 한다

《70세 사망법안, 가결》이란 제목의 소설이 일본에서 발표된 것은 2018년이었다. 누구나 70세가 되면 30일 이내에 반드시 죽어야 한다는 내용이다. 소설 속 이 나라는 지난 10년간 고령화, 저출산 현상이 예상을 뛰어넘는 빠른 속도로 진행되어서, 연금제도가 붕괴하고 의료보험의 유지가 어렵게 되었다. 정부는 사회가 파탄 나기 전에 어떤 조치를 해야 하는데, 이 법안이 시행되면 고령화로 인한 국가 재정 문제를 일시에 해결할 수 있다는 것이다.

일본에서 이 소설이 고령화 문제에 대한 담론을 처음 시작한 것은 아니다. 일본은 2005년 고령화 사회로 진입하고, 저출산 현상이 빠르게 진행되자 미래사회에 대한 불안감이 커졌다. 2004년에는 국가 주도로 노인들을 안락사시키는 음모를 다룬 소설이 발표되고 2015년에는 드라마로도 방영되었다.

영화 〈플랜 75〉는 75세가 되면 정부에 안락사를 신청할 수 있다는 내용을 다루었다. 나라를 위해 죽는 것을 자랑스럽게 생각하는 일본에서, 75세가 되면 나라를 위해 스스로 명예롭게 사라져야 한다는 사회 분위기를 만드는 것이다. 올해 일본에서 최고의 베스트셀러는 노인 정신 상담을 하던 의사가 쓴 《80세의 벽》이다. 80세가 되면 병원 다니며 스트레스받지 말고 몸에 일어나는 모든 변화를 자연현상으로 받아들이고 사는 것이 가장 좋은 건강법이라는 조언이다. 저자가 정신과 의사인 것이 다행이라는 생각이 들었다.

75세 이후를 굳이 '후기 고령자'라고 부르는 일본, 마음이 약한 사람은 무언가 자꾸 벼랑 끝으로 몰리는 느낌을 받을 것 같다.

한국도 이런 현상을 강 건너 불 보듯 보고 있을 형편은 아닌 것 같다. 일본이 먼저 경험하면 한국도 몇 년 뒤 경험하게 되기 때문이다. 졸혼, 노후난민, 하류 노인, 고독사 등이 그랬다. 최근 보도된 〈준비 안 된 노인 공화국〉이란 스페셜 리포트에 의하면 한국의 초고령화 사회로의 진입이나 출산율 저하 속도가 일본이나 다른 OECD 국가들보다 훨씬 빠르다고 한다. 2049년에는 노인 인구 비율이 40%에 이를 것이라고 한다. 지금도 생활고나 외로움에 내몰린 노인들의 자살률이 일본이나 OECD 국가들보다 3배가 높은데, 그때가 되면 이 비율은 더 늘어날 것이다. 한국에서 노인 부양은 가족보다 국가나 사회가 담당해야 한다는 인식이 급속도로 확산되고 있는데 정책상의 이견을 조율할 수 있는 능력은 없는 것 같다. 서로 자기주장만 할 뿐이다.

나이가 들어가면 육체가 쇠약해지는 것은 막을 수 없지만, 정신은 건강하게 만들 수 있다. 예전에 가졌던 용기와 신념, 열정을 잃지 않기 위해서는 더 보고, 더 듣고, 더 읽어야 한다. 오래 살면서 경험한 것들도 자산이 될 수 있다. 남이 내린 결론은 참고만 하고 삶은 스스로 결정할 수 있어야 한다.

시인 천상병이 시 〈귀천〉에서 말한 것처럼
삶을 스스로 아름답게 만들 수 있다면
그것이 바로 의미 있는 삶이 될 것 같다.

"나 하늘로 돌아가리라, 아름다운 이 세상 소풍 끝내는 날, 가서, 아름다웠다고 말하리라…"

투표소에 비친
미국의 모습

　이달 5일부터 8일까지 중간선거 투표 기간이었다. 8일이 투표일이었지만 LA카운티는 4일간 투표소를 열었다. 처음 투표소에서 일하게 된 것은 6년 전 LA카운티 직원의 간곡한 부탁 때문이었다. 투표소에 한인 봉사자가 너무 없어 민망하다는 것이었다. 투표 당일, 팀 리더 포함 12명 모두가 봉사자들이었다. 카운티 직원은 오전, 오후 잠깐 돌아보고 돌아갔다. 새벽 6시부터 밤 9시까지 근무에, 남자는 투표함을 집결 장소까지 운반해야 했다. 각 투표장에서 온 많은 차량으로 인해 밤 11시가 돼서야 인수인계가 끝났다.

　이번에는 투표를 4일에 걸쳐 하니 좀 쉬울 것 같았다. 자녀교육 등 미국에 신세를 진 게 많아 커뮤니티 봉사는 당연하다고 생각했다.

투표소 풍경도 많이 달라졌다. 처음 일할 때는 두꺼운 유권자 명부로 투표인을 확인했는데 지금은 조그마한 이폴북(Epollbook)으로 대체됐다.

기표소도 BMD(Ballot Marking Device)라는 투표 부스로 바뀌었다. 완전히 디지털화한 것이다. 직원들 중 아시아계는 필자와 홍콩, 대만계 등 3명이었다. 30대 백인 여성이 많았고 흑인도 몇 명 있어 미국의 인종 구성과 비슷했다.

투표소 직원은 총 8시간의 사전교육을 받는다.
4시간은 지정된 장소에 가서 등록된 투표인을 확인하는 이폴북 사용법을 배우고 4시간은 온라인으로 BMD 사용법을 교육받는다.

처음 3일간은 투표소가 한가했다. 투표소를 찾는 사람들은 백인뿐이었다. 투표소 입구에서 BMD 사용법이 적힌 안내서를 나눠줬지만 상당수가 사용법을 몰라 도움을 요청했다.

투표 당일, 종일 투표소가 붐볐다. 내가 일한 라미라다 투표소는 소수계가 많이 거주하는 지역이지만 당일 투표소에는 백인 유권자가 압도적으로 많았다. 우편투표를 한 투표지를 갖고 와 투표소 내 투표함에 넣고 가는 경우도 꽤 있었다. 한인을 비롯한 소수계는 우편투표를 많이 했을 것이다.

백인들이 굳이 투표소를 찾는 이유는 무엇일까? 민주시민으로 대의민주주의의 주권을 직접 행사했다는 것을 스스로 확인하고 싶어서는 아닐까? 비가 쏟아지는데도 투표소를 찾는 그들은 투표를 통해 본인 의사를 표현하겠다는 것처럼 보였다.

투표소의 진행 과정은 마지막까지 봉사자들에 의해 이루어진다. 마지막에 투표가 완료된 투표지와 BMD에 찍힌 숫자를 일일이 손으로 세어서 확인하는 과정도 두세 번 거친다. 절대 신뢰 사회, 이것이 미국이다.

점심은 각자 6달러씩 모아 샌드위치, 닭튀김, 샐러드, 음료수 등을 사 해결했다. 매번 투표소에서 느낀 것이지만 이들의 소박한 옷차림, 간편한 식사, 적은 보수에도 새벽 6시부터 밤 10시까지 일하는 강행군에도 짜증 내는 사람이 한 명도 없었다. 틈만 나면 웃고 떠들었다. 넘쳐나는 긍정적인 에너지, 이것이 미국의 힘이고 저력인 것 같았다.

같은 상황이 여러 번 반복되면 이것이 보통 미국 사람들의 삶이라고 보면 된다. 이들에게서 자신을 비하하거나 우울해하는 모습은 찾아볼 수 없었다.

더
풍요롭게 살려면

11월, 한 해를 정리해 보는 때다. 11월이 우리에게 주는 함의는 특별하고 다양하다.

어떤 시인은 11월의 11에서 이웃과 어깨를 나란히 하는 '같음'을 노래한다. 공감, 배려, 동행을 본 것이다. 잎사귀 흔들며 낡은 기억 속으로 멀어져 가는 세월을 그리기도 한다. 만추, 잎 떨어져 앙상한 나뭇가지를 보고 보통 사람은 쓸쓸하다고 느끼지만, 시인은 수십 가지를 생각한다고 한다. 가끔 시를 읽으며 어떻게 저런 가슴 떨리는 생각을 하고 울림이 큰 글을 뽑아낼 수 있을까 감탄을 할 때가 있다. 그들은 수없이 더 보고, 더 읽고, 더 생각해서일 것이다.

누구에게나 생각하는 훈련은 필요하다. 생각은 변화시키는 힘을 가진다. 무엇인가를 보고 배우고 생각하면서 깨달음을 얻을 수 있다. 책을 읽고, 그림을 보고, 여행을 하면서. 익숙지 않은 것을 보는 것은 새로운 사유를 하는 원천이 된다.

광활한 들판, 끊임없이 이어지는 구릉, 멀리 보이는 숲, 미국을 여행하면 보게 되는 것들이다. 이 위대한 자연이 자신의 존재에 대해 생각하게 한다. 그래서 산길을, 평원을, 바닷가를 걷는다. 자신을 성찰하고 새로운 생각을 하기 위해서다.

생각을 정리하는 방법은 다 다를 수 있다. 어떤 사람은 걸으면서, 어떤 사람은 조용한 곳에서 명상하며 생각을 정리하기도 한다. 어떤 사람은 카페에서 커피를 시켜놓고 생각을 정리하기도 한다.

스티브 잡스는 젊은 시절 읽은 한 줄의 글을 생애를 관통하는 교훈으로 삼았다. 그가 스탠퍼드 대학 졸업 연설에서 밝힌 바에 의하면 그가 읽었던 책은 1960년대 후반 스튜어드 브랜드가 쓴 《지구 백과》였다. 종이책으로 만들어진 구글과 같은 것이었다. 구글이 나오기 35년 전에 가위와 타자기, 폴라로이드 카메라로 만들었다. 개인용 컴퓨터도 나오기 전이다.

1970년대 중반 이 책의 마지막 호를 내었는데, 책 맨 뒤 페이지에 한 장의 사진이 있었다. 이른 아침, 시골길을 찍은 사진이다. 모험을 좋아하는 사람이라면 멀리 떠나고 싶은 생각을 하게 하는 그런 길이었다.

사진 밑에는 이런 글이 쓰여 있었다. "Stay Hungry, Stay Foolish". 그는 평생 이 말 대로 살려고 애썼다고 했다. 그리고 새로운 출발을 앞둔 그들에게도 "늘 갈망하라, 늘 어리석어라"라는 말대로 살기를 권한다며 졸업 연설을 마쳤다. 안주하지 말고 끊임없이 새로운 것을 꿈꾸고 도전하라는 의미다. 또 항상 배울 수 있는 자세를 유지하기 위해 자신을 낮추고 겸허하라는 말이다. 내가 다 알고, 내가 다 옳다는 생각을 하면 새로운 것을 배우거나 받아들일 마음이 생기지 않는다.

성경에도 "마음이 가난한 자가 복이 있다"고 했다. 마음속에 자신만이 옳다는 생각이 꽉 차 있다면 정말 옳은 생각과 바른 진리가 들어갈 수 없다는 말일 것이다.

한 해를 정리해 보면서 반성하고, 새로운 것을 꿈꾸며 미래를 계획하는 일은 꼭 필요하다. "Stay Hungry, Stay Foolish". 이 말은 젊은이뿐만 아니라 모두에게 필요한 말이다. 모두가 이런 마음으로 산다면 세상이 더 풍요롭고 좋아질 것 같다.

나이 들면
연민의 정이다

황혼이혼이니 졸혼이니 하는 말들이 널리 회자되는 세태다. 이러한 때 영어 교실에서 본 애틋한 부부애가 마음에 깊은 감동을 주었다. 매 학기 시작하기 전에 실시하는 설명회에 부부가 같이 와서 듣고 부인만 등록할 때가 있다. 이런 경우는 영어를 잘하는 남편이 설명회에 같이 와서 듣고 자신의 부인이 영어 회화를 위해 공부할 만한 곳인지를 판단하기 위해서다.

예 1. K 씨는 한국에서 학교 교사였다. 미국 생활 40년, 이제 손자 손녀를 돌보는 나이가 되었다. 그동안 몇 번 영어 공부를 시도해 보았지만 성과가 없었다. 남편이 영어를 잘해서 불편 없이 살 수 있었다. 갑자기 남편이 부인에게 영어 공부를 하라고 권하기 시작했다. 건강이 옛날 같지 않자 자신이 먼저 떠나게 되면 혼자 남을 부인이 영어를 못해 얼마나 답답할까 걱정되는 모양이었다. 설명회에 같이 참석한 남편이 권해서 등록하고, 공부를 시작했다. 오전 반에 와서 공부하는데 문제가 생겼다. 낮에 일이 생겨 저녁 반에 와야 하는데, 야맹증이 있어 밤에 운전을 못 하는 것이었다. 25마일의 거리, 학원까지는 꽤 많은 시간이 소요되었다. 남편이 운전해서 왔다. 남편은 수업 중 차에서 한 시간 40분을 기다렸다. 아무리 캘리포니아라도 겨울밤은 매섭다. 교실에 들어와서 기다리라고 권해도 학생들에게 예의가 아니라고 차에서 기다렸다. 문맹인 채로 미국에서 혼자 살아가야 할지도 모르는 부인에 대한 염려가 그를 추운 겨울에 한 시간 40분씩 밖에서 기다리게 했을 것이다.

예 2. P 씨는 은퇴한 산부인과 의사였다. 그녀 역시 영어를 잘하는 남편과 같이 설명회에 참석한 후 남편이 권해서 등록을 했다. 미국병원에서 근무하는 중 영어 때문에 너무 스트레스를 받자, 남편이 권해서 일찍 정년퇴직했다. 남편은 치과 의사이고 영어를 잘했다. 그녀도 남편이 일은 그만두어도 영어는 해야 된다고 권해서 영어 공부를 다시 시작한 것이다.

학원에서만 공부하고, 집에서 반복 연습을 하지 않는 것은 음식을 씹고 넘기지 않는 것과 같다. 음식을 씹고 넘기지 않으면 우리 몸에 필요한 영양소가 공급되지 않아 몸이 지탱할 수가 없는 것처럼 영어 회화는 집에서 배운 것을 반복 연습 하지 않으면 절대 말할 수 없다. 이것을 잘 아는 남편이 매일 퇴근하면 방문을 열어놓고 공부하라 한다며, 그녀가 웃었다. 같이 있지는 못해도 지나다니며 공부하는 것을 확인하겠다는 것이다. 남자보다 평균 7~8년을 더 사는 부인이 자신이 없을 때 영어 때문에 겪게 될 어려운 상황에 대한 염려가 그가 그렇게 하도록 했을 것이다.

　오랫동안 같은 삶을 공유하면서 만들어진 동지애 같은 것이다. 결코 쉽지 않았던 삶을 같이 헤쳐온 상대에 대한 연민의 정이 아니면 할 수 없는 일들이다. 나이 들면 사랑보다 연민의 정이 더 귀하다 하지 않는가?

어제의 적이
오늘의 친구로

우정의 종을 다시 찾았다. LA 남서쪽 샌피드로 언덕 앤젤레스 게이트 파크의 가장 높은 곳에서 태평양을 바라보고 서 있다. 1976년 독립 200주년을 맞아 한국이 미국에 기증한 것이다.

낯선 나라, 한 번도 본 적 없는 사람들의 자유를 지키려 싸우다 죽어간 3만 5,000여 명의 미국 젊은이들과 전후 굶주린 한국 국민들을 위해 막대한 경제원조를 해주었던 미국에 감사한 마음을 전하기 위해서였다.

43년 전 이곳에 와서 멀리 한국을 향해 서 있는 이 종은 그동안의 변화를 어떻게 보고 있을까. 양국 정상들이 손을 맞잡고 환하게 웃고 있지만 무엇인가 불편한 관계가 여러 곳에서 감지된다. 이런 변화는 한국의 미래를 위해 발전적인 변화일까.

1942년 2월 24일 오후 7시 샌타바버라 앞바다에 떠오른 일본 잠수함 1-17은 해변 가까이에 있던 정유 시설을 향해 철갑탄 17발을 발사했다. 4개월 전 하와이의 진주만에 있던 미국 태평양 함대가 일본의 기습 공격을 받고, 수천 명의 미 해군이 사망한 지 얼마 안 되어 일어난 일이다. 일본은 미국보다 성능이 앞섰던 잠수함을 이용해 서부 연안의 배들을 공격해 여러 척을 침몰시키고 다수의 배를 파괴했다. 불타는 배를 바라보는 서부 해안가의 주민들은 본토 공격에 대한 두려움에 떨어야 했다.

그 후 70년, 미국은 일본 자위대를 불러 하와이에서 합동 군사작전을 하고 캘리포니아에서까지 양국 군사훈련을 한다. 지금 일본은 아시아에서 미국의 가장 밀접한 우방이 되어 있다.

1841년 9월 13일 아침 동부 볼티모어 앞바다에 도착한 영국 함대 19척은 볼티모어를 지키는 맥헨리 요새를 향해 일제히 함포 사격을 시작했다. 유럽에서 나폴레옹의 몰락으로 여유가 생긴 영국이 2년여간 끌어오던 미국 독립전쟁을 끝내기 위해 대대적으로 병력을 증파했다. 육군은 캐나다에서 미국으로 내려오고 해군은 미국 민병대의 본거지인 볼티모어를 공격하기 시작한 것이다.

폭격은 25시간 계속됐고 1,800여 발의 포탄이 요새로 퍼부어졌다.

이 무자비한 폭격 다음 날 새벽 여명에 아직도 하늘 높이 펄럭이는 성조기를 보고 법률가이자 시인이었던 프랜시스 스콧 키가 이 벅찬 감동을 시로 표현했다. 이 시는 미국 국가 가사가 됐다. 미국 식민지에 대한 과도한 조세 정책, 비옥한 중부로 이주하려는 식민지 주민들의 진출을 영국이 막았기 때문에 독립전쟁이 일어났다.

독립전쟁 당시 미국과 영국은 치열한 전투를 했지만 지금 영국은 미국의 최고 우방이 됐다.

역사는 발전하고 변화한다. 무엇이 자신에게 유익한가를 찾아 변화하는 것이다. 과거의 도움 때문에 늘 쩔쩔매는 것이나, 과거의 피해 때문에 늘 눈을 부릅뜨고 경계하는 것은 현명한 일이 아니다.

시간이 지나면서 서로의 필요에 따라 새로운 관계를 만들어 가는 것이다. 서로의 관계에서는 한쪽의 요구만을 충족시킬 수 없다. 그것이 한쪽이 생각하기에 너무 당연한 것이라 할지라도….

컴패션 후원국으로
발전한 한국

　지난달 플러톤의 한 교회에서 컴패션 후원 결연자의 밤 행사가 열렸다. 교인 중 온두라스와 엘살바도르에 있는 어려운 가정의 학생들 350여 명과 1:1 방식으로 결연을 맺어, 매달 40여 불을 지원하는 후원자들을 위한 모임이었다. 후원지역 상황과 후원 성과를 설명하는 자리에 참석한 후원자들은 의외로 젊은이들이 많았다.
　컴패션 미주본부에서 담당자가 나와 현지상황과 수혜 학생 선발 과정 등을 설명했고, 케냐의 진흙탕과 같은 삶에서 컴패션 후원으로 공부하고 미국에 유학까지 한 후, 미국에서 컴패션 사업을 후원하며 살고 있는 세실리아 씨가 나와 자신이 어떻게 변화하였는지와 현재의 행복한 삶에 대해 얘기했다. 컴패션은 처음 한국에서 미국인 목사 '에버렛 스완슨'에 의해 설립되었다. 6.25사변 직후, 미군들에게 설교하기 위해서 한국에 온 그가 추운 겨울밤 거리에서 본 고아들의 모습이 너무 참혹했다. 충격을 받은 그가 미국으로 돌아가 미 전국을 다니며 한국의 어려운 어린이들을 돕자고 호소해서 구호기관 컴패션을 설립했다. 1:1 후원 방식으로 결연을 맺어 매달 학생들을 도왔다. 10만 명 이상의 어린이들을 공부시켜 훌륭한 사회인으로 성장시킨 후, 1993년 한국에서 철수했다.

2003년에는 한국이 10번째의 컴패션 후원국이 되어 여러 나라의 어려운 학생들이 그 사회의 지도자로 자랄 수 있도록 후원하고 있다.

중미의 여러 나라들은 여러 가지 상황이 40년 전에 본 것보다 조금도 나아지지 않고 있다. 경제여건 등 생활환경들이 전보다 더 악화되고 있다.

온두라스의 대학 진학률은 1%라고 한다.

생산시설이 없어 취업할 곳이 없으니 공부할 필요를 느끼지 못한다. 부모가 공부한 적이 없으니 자녀들이 공부해야 한다는 생각을 하지 못하는 것이다. 자신의 상황을 개선할 생각을 하지 못하고 일거리를 찾아서, 위험을 무릅쓰고 미국과 멕시코의 국경을 넘는다. 한국이 이렇게 빨리 발전하고 변화할 수 있었던 동력은 교육의 힘이었다. 중미 국가들을 변화시킬 수 있는 것도 교육일 것이다. 세계 국가별 독서량을 조사해 발표한 것을 보면 최하위권에 중미국가들이 있다. 그들이 공부할 수 있게 도와주면 그들도 책을 읽을 것이고 녹서는 그들이 새로운 생각을 하고, 새로운 행동을 하게 할 것이다.

모임 마지막에 교회 담임 목사가 나와 교회가 담당하고 있는 지역의 사정을 설명했다. 현지 주민들이 타인의 방문을 꺼리는 성격이어서 단기선교도 쉽지 않은데, 한 학생을 후원하면 그 가정이 마음을 열고,

그 지역 친척들이 호감을 갖게 되어 단기선교도 쉬워진다고 했다. 그 지역에 또띠야(주식인 빵) 공장을 만들면 그들에게 일자리도 생기고 그들의 생활도 개선될 수 있다는 비전도 제시했다. 1970년대 초반 부산 사상의 한 교외에 미국인 5명이 왔다. 350명가량이 한 팀이 되어 한국에 와서 각 교회에 몇 명씩 배정되어 현지 교인들과 가정방문 전도 활동을 했다. 그때는 미국인에 대한 호감도가 높을 때여서 성과가 있었다. 그들은 부유하지 않았고 몇 년에 한 번 여행을 할 수 있는 직업을 가지고 있었다. 그들 중 일부는 매달 50불씩 한국 학생들이 공부할 수 있도록 돕고 있었다. 그때 그 미국인들에 가졌던 고마운 생각을 지금도 잊지 않고 있다.

미국에 사는 현재의 삶에 감사한 마음이 있다면 우리 턱밑에 있는 중미국가들에 눈을 돌려보는 것도 고마움을 표시하는 한 방법이다. 그들의 열악한 환경을 바꾸는 데 작은 힘이라도 보태는 것은, 더 좋은 세상을 만들기 위해 우리가 할 수 있는 노력 중의 하나가 될 것이다.

웃지 않는 한국인

　최근 유튜브 인문학 강좌에서 어느 젊은 작가로부터 재미있는 이야기를 들었다. 그는 어린 시절 부모를 따라 미국에 가서 대학을 마치고 프랑스에서 6년을 더 공부한 후, 지금은 한국에서 작가와 유명 강연자로 활동하고 있다.

　그가 외국에 있을 때 사귄 외국인 친구가 한국인과 중국인, 일본인 중에서 한국인을 구별할 수 있다고 했다고 한다. 자신도 가끔 실수할 때가 있는데, 의아해 어떻게 구별하느냐고 물었다. 그는 얼굴 표정을 보면 알 수 있다고 했다. 아름다운 풍경이나 예술품 앞에서도 잔뜩 성난 얼굴을 하고 있으면 틀림없는 한국인이라는 것이다.

그는 이어서 말했다. 화를 낼 일은, 항상 웃음이 많은 프랑스인이 한국인보다 훨씬 많았다. 그가 살던 파리에 많은 오래된 아파트는 2개 층이 같은 화장실을 쓰고 엘리베이터는 거의 없다. 인터넷 설치에도 시일이 오래 소요되는 등 생활하는 데 불편한 점이 많았다. 한국은 모든 것이 프랑스보다 훨씬 편리하다. 새벽 2시에도 전화하면 족발이 문 앞에 와 있다. 연휴가 되면 외국을 여행하는 인파가 공항을 메운다.

이런 한국에 사는 사람들이 왜 불만이 많고 화를 잘 낼까? 한국인들은 늘 화가 나 있다는 말이 사실일까? 아닐 것이다. 그 외국인 친구가 한국인의 표정을 잘못 읽었다. 지금이야 달라졌지만 1960~1970년대에는 '침묵은 금'이라며 얼굴 표정을 자주 바꾸는 것을 경박하다고 경계했다.
 신중한 성격을 칭찬했다. 희로애락을 얼굴에 바로 표현하는 것을 천박하다고 여겼으니, 오늘날 한국인의 표정이 외국인의 눈에는 화가 난 것으로 비칠 수도 있을 것이다.

그럼에도 한국인이 외국인에 비해 분노와 갈등을 많이 느끼고 있는 것은 어느 정도 사실인 것 같다. 최근 한국 리서치와 한국사회갈등해소센터에서 실시한 한국인의 공공 갈등 의식조사 결과를 보면 한국인의 90%가 사회 집단 간에 갈등이 심각하다고 답했다. 갈등을 일으키는 유형도 전보다 더 늘었다고 한다. 이런 갈등은 왜 일어나는 것일까? 갈등과 분노가 다른 이들에 의해 만들어지는 것은 아닐까? 하는 짙은 의구심이 든다. 정치권, 방송, 최근에는 유튜브까지 갈등을 부추기는 것 같다.

미국에서 자산규모 1%의 재산이 중산층 40%의 그것과 같아졌다는 블룸버그 통신의 보도와 갈수록 늘어나는 홈리스를 보는 것이 안타깝고 불편하다. 세계 인구의 4.5%인 미국이 세계 에너지의 25%가량을 사용한다는 사실도 안타깝고, 파리 기후협약을 탈퇴하는 트럼프 행정부를, 미래를 포기하는 것이라고 맹비난하는 사람들이 갈수록 더 큰 차를 탄다는 사실도 안타깝다.

어느 종교 철학자가 많이 가지고 있는 사람들이 조금 더 내어서 취약한 계층을 돕는 것이 종교윤리라고 했다. 또한 이것은 그리스도의 정신이기도 하다. 그럼에서 교회 지도자들 가운데 일부는 그런 정책을 비난한다는 사실이 안타깝다.

가을이 짙어졌다. 자주 가는 산에 있는 나무들이 여러 가지 색채의 낙엽을 만들며 가을을 노래한다. 호젓한 산길을 걸으며, 내가 할 수 있는 좀 더 의미 있는 일은 무엇이 있을까 생각해 봐야겠다.

재외동포를 보는
편협한 시각

　최근《미주중앙일보》의 보도에 따르면 야구선수 추신수의 두 아들이 한국국적 이탈 신고서를 제출해 한국에서 논란이 되고 있다고 한다. 미국에서 태어나 자라고 있는 두 자녀는 본인들이 미국에서 살기를 원해 한국국적 이탈 신고를 했다. 이는 법적으로 하등의 하자가 없는데도 한국의 네티즌들은 마치 한국을 배반한 것처럼 '야구계의 유승준' 등 온갖 비난을 쏟아내고 있다. 불합리한 국적법 때문에, 태어나면서 이중국적을 갖게 돼 어쩔 수 없이 한쪽을 포기하는 것인데 이것이 왜 비난받을 일인가?

　유승준도 한국 땅을 밟지 못한 지 17년, 대법원에서 비자 발급 거부는 위법이라는 판결이 나왔는데도 국민은 계속 입국을 반대하고 있다. 법적인 문제가 아니고 괘씸죄라는 감정법이 여론을 지배하는 것이다.

우리는 왜 이성보다는 감정의 지배를 받는 민족인가? 왜 이웃 나라 정치인에게 한국인은 이성적으로 생각할 줄 모르고, 감정적으로 생각하는 민족이니 지금의 일본에 대한 격앙된 감정도 곧 식을 것이라는 말을 들어야 하는가?

한때 한국에서 지구촌이라는 말이 유행하고 세계화해야 한다는 말이 널리 회자한 적이 있었다. 지금은 어떨까? 한국에는 200만 명에 가까운 외국인들이 거주하고 있다. 대부분 필요해서 받아준 외국인들이다. 한국은 마음으로 받아들이고 있는 것일까?

얼마 전 500명의 난민들이 제주도에 들어왔을 때, 금방 큰일이 일어날 것처럼 온 나라가 요동치는 것을 보면 아직도 마음으로는 외국인을 거부하고 있는 것 같다.

이런 시각은 해외 동포에 대해서도 비슷하다. 지난 5월 한국 신문에 〈해외 거주자에 의한 건보먹튀의 비밀〉이란 제목의 기사가 몇 번 게재된 적이 있었다. 해외 유학, 취업 등의 사유로 외국 거주 내국인과 해외 동포들이 건강보험료를 내지 않고 한국에 와서 치료받고 출국한다는 내용이었다.

김대중 전 대통령이 잠시 미국에 머물 때 미주 동포들의 사정을 목격한 후 귀국하여 대통령이 되자 한국에서 일부 치료할 수 있는 길을 열었었다. 시간이 흘러 이 법이 국민 정서에 맞지 않아졌다면 법을 개정하면 될 일이다. 굳이 '해외교민, 건보먹튀'라는 불편하고, 자극적인 표현을 사용한 것은 아마 국민 정서에 편승했기 때문일 것이다. 재외동포들을 바라보는 편협된 시각이 눈에 보이는 것 같아 씁쓸했다.

최근 세계적인 투자가 짐 로저스는 《세계에서 가장 자극적인 나라》라는 책을 출간하면서 아시아의 몇 나라에 대해 언급했다. 그는 예일·옥스퍼드 대학에서 역사학을 전공했다. 정확한 역사적 통찰을 통해 미래를 예측하고, 그동안 많이 적중했다 하니 그의 말을 어느 정도 신뢰해도 될 것 같다.

그는 일본이 이대로 가면 2050년이면 국가 파탄이 날 것이라고 했다. 이유가 저출산에 외국 이민을 받아들이지 않는 편협성 때문이라고 한다. 역사적으로 이런 나라가 잘된 예가 없다는 것이다. 한국도 일본과 비슷한 점이 많다. 한국이 외국인에 대한 마음이 더 열리고, 재외동포에 대한 시선이 더 따뜻해졌으면 좋겠다.

어떤
인연에 대하여

　남가주에서 교인 기백 명이었던 교회를 몇 년 만에 3,000명 이상의 교회로 성장시킨 젊은 목사가 최근 설교에서 미국 유학 후 남가주에서 목회할 수 있게 길을 열어 준 특별한 인연에 대해 이야기했다.

　그가 부산에서 신학대학을 마친 후 학사장교로 복무한 뒤 서울의 한 교회 부교역자로 일하게 되었다. 처음 부임하여 토요일 오후가 되자 부 교역자들이 이런저런 핑계를 대며 모두 사무실을 빠져나갔다. 의아해하며 앉아 있는데 60대 초반의 한 남자가 들어왔다. 서로 인사한 후 커피 두 잔을 뽑아 마주 앉았다. 2시간 이상의 대화를 통해 그를 알게 됐고 왜 자기가 사무실에 혼자 남게 되었는지도 알게 됐다. 그는 장로이고 오랫동안 호주에서 이민 생활을 한 후 고국이 그리워 역이민했다. 한국인 특유의 외국에서 살았던 사람에 대한 거부감 때문에 항상 외로우셨다. 그래서 토요일 오후만 되면 교회에 와서 부교역자를 앉혀놓고 2시간 이상 이야기하는 것이 그의 낙이고 스트레스 해소 방법이었다. 그는 외로운 장로님의 친구가 되어주기로 마음을 정했다. 토요일 오후마다 K 장로를 반갑게 맞아주고 커피를 대접하고 이야기를 들어주었다. 이야기할 때 침이 튀겨 자신의 커피까지 날아오는 것을 그가 민망하지 않도록 따뜻한 커피잔을 감싸는 것처럼 손으로 커피잔을 막아 해결했다. 이렇게 2년이 흘러갔다.

신학교 시절의 꿈이었던 공부를 더 해야겠다는 생각이 들어 미국 유학을 결심했다. 공항에서 멀리 서 있는 K 장로를 보았다. 그는 끊임없이 손수건으로 눈물을 닦아내고 있었다. 다가가서 손을 꼭 잡았다.

"장로님, 전화하셔서 얘기하면 되지요"

미국 유학 생활 중 정말 전화가 왔다. 한 달에 몇 번씩 전화가 와서 한 시간 이상 이야기했다. 바쁜 유학 생활이었지만 외로운 그를 생각해 다 들어주었다.

유학 생활을 마칠 때가 되니 아내와 두 딸이 미국 생활을 너무 좋아하고 있었다. 갑자기 마음이 급해져서 여러 교회에 이력서를 넣기 시작했다. 수십 개의 이력서를 보냈지만 하나도 응답이 없었다. 이제 짐을 꾸려야 했다. 아내와 두 딸이 너무 실망한 얼굴을 하고 있었다. 짐을 꾸리고 있는데 전화벨이 울렸다. K 장로였다. 낙심한 가운데서도 전화를 받았다. K 장로가 금방 상황을 알아차렸다.

"목사님, 무슨 문제가 있습니까? 목소리가 왜 그러세요?" 하는 수 없이 그간의 사정을 얘기했다. 실망한 아내와 두 딸의 얼굴을 보는 것이 괴롭다고 했다. 아마 어디에 하소연이라도 하고 싶었던 모양이다. 갑자기 그가 말했다.

"목사님, 전화 끊고 한 시간 뒤 다시 하겠습니다"

전화는 또 무슨 전화라고 생각하며 다시 짐을 꾸리기 시작했다. 다시 전화가 왔다. 그의 목소리가 밝았다.

"목사님, LA에 있는 P 교회를 찾아가 보세요. 그곳에서 목사님을 부교역자로 모시기로 했습니다"

상황을 설명했다. K 장로가 호주에서 사업을 할 때 호주에 유학 온 한 신학생을 오랫동안 도와주었는데, 그가 떠나며 "장로님, 어떤 소원이라도 한 가지는 들어드릴 테니 필요할 때 전화하세요"라고 했다.

그가 지금 LA에서 제법 큰 교회를 목회하고 있어 부탁했다며 가면 된다고 했다. 이렇게 해서 남가주에서 목회를 시작할 수 있게 된 것이다.

담담히 이야기하는 그의 아름다운 인연에 대한 이야기가 교인들에게 주는 울림은 컸다. 그 후년 그는 남가주 교인들에게 따뜻하고 진정어린 설교로 감동을 주고 외국 생활에서 지친 영혼을 위로하는 좋은 설교자가 되었다. 성경의 "심은 대로 거두리라"라는 말이 실현된 것이다.

인생 말년에 가장 후회하는 것

"배우고 익히니 이 또한 즐겁지 아니한가?" 이 말은 공자가 《논어》에서 한 말이다.

그는 제자들을 평가할 때도 성취도보다는 배움에 대한 열정을 더 중시했다고 한다. 공자 자신도 학문이 원숙한 경지에 도달하였을 때 자신의 최대 강점은 남보다도 배움에 대한 열망이 강한 것이라고 했다. 최근 세계적으로 유명한 뇌 의학자들도 나이 들어 배움을 중지할 때부터 뇌가 퇴화하기 시작한다고 말한다.

한국인은 머리도 좋고 배움에 대한 열정도 학교에 다닐 때까지는 세계 어느 나라에도 뒤지지 않는다. 그러나 성인이 되면 달라진다. 새로운 것을 배우고자 하는 열의가 떨어진다고 조사기관에서는 말한다. 그런 면에서는 미주 동포들도 닮은꼴이다. 자식 교육에는 지나치게 열심이지만 자신의 영어 공부는 관심 밖이다. 미국에 살면서도 '영포사(영어를 포기한 사람)'가 되어 불편을 감수하고 산다. 상당한 모순이다.

60대 후반의 K 씨가 등록하고 공부한 적이 있었다. 남편이 영어를 잘해 자신은 애써 공부하지 않았다. 나이 들어 남편이 갑자기 말을 못하게 되는 중병이 들어 자신이 영어를 해야 했다. 자녀들은 모두 출가해서 여기저기 흩어져 살고 있어 자신이 영어를 하려고 하니 잘되지 않았다. 처음에는 자녀들이 병원에 와 도와주었다.

몇 달 후 다시 도움이 필요해 큰딸에게 전화했다. "엄마, 처음 이민 왔을 때에는 우리를 데리고 학교에 가서 입학도 시키고 다 하셨는데 수십 년이 지난 지금 매번 전화하면 우리가 어떻게 하겠느냐, 그동안 엄마는 뭘 하셨느냐?" 얼마나 냉정하게 말하는지 얘가 내 딸이 맞나 하는 생각이 들며 서러워 눈물이 나왔다며, 학원에 오게 되었다고 했다.

올리버 색스는 세계적인 신경의학자이자 뉴욕의대 교수였으며 다수의 베스트셀러 책을 썼다. 그가 80세 때 한 인터뷰에서 지금까지 살면서 후회되는 일이 무엇이냐는 질문을 받고 네 가지가 있다고 말했다.
"① 모국어로밖에 말하지 못했다,
② 새로운 것을 시도하는 데 우물쭈물 망설였다,
③ 시간을 많이 낭비했다,
④ 다른 문화를 접해보지 못했다"였다. 우리는 80세가 되면 무엇을

후회하게 될까? 만약 영어 공부를 다시 시작한다면 적어도 올리버 색스가 한 후회는 안 할 것이다.

영어를 하면 영어 문화권과 미국의 다양한 문화를 접해볼 수 있다. 미국의 보수적 분위기도 이민자에게 점점 영어를 더 요구하는 쪽으로 흘러간다. 나이가 들면 여러 가지를 빼앗기는 기분을 갖게 되지만 배움에 대한 열정은 누구도 빼앗아 갈 수 없다. 스스로 공부하겠다는 결심을 하고 실행하는 것은 순전히 자기 의지로 할 수 있기 때문이다. 영어를 공부하면 공자의 말대로 배우는 재미가 있을 것이고 뇌 의학자들의 말대로 몸은 약해져 가도 뇌는 계속 생생할 수 있을 것이다.

젊은이들의 출산 기피, 왜?

한국의 출산율이 한 가정당 1명 이하로 떨어졌다. 통계청 발표에 따르면 2018년 가정당 출산율은 0.98이다. 세계에서 가장 낮은 수치다. 1인당 국민소득이 255달러였던 1970년에 가정당 5명의 아이를 낳았는데, 국민소득이 3만 1,000달러가 넘는 2018년에는 1명 이하를 낳은 것이다.

한국은 세계에서 7번째로 30-50클럽에 이름을 올린 경제 강국이다. 30-50클럽은 인구 5,000만 명 이상, 국민소득 3만 달러 이상인 국가를 말한다. 연휴가 되면 해외로 여행 가는 사람들로 인천 공항이 북적이고, 전국에 고층빌딩이 즐비하고 거리에는 자동차들이 넘쳐난다. 전 국토는 많은 고속도로로 연결되어 생활이 편리해졌고 육류, 수산

물 등 먹거리도 넘쳐난다.

이런 나라에서 왜 자녀 낳는 것을 기피하게 되었을까? 영화 〈The Rock〉에서 CIA의 한 화학무기 전담 요원이 위험한 신경가스 폭발물을 제거하고 집에 와서, 임신 사실을 알리려는 여자 친구에게 폭발물 제거 사실을 말하면서 말한다. "이런 세상에서 아이를 낳는 사람은 미친 사람일 것이다". 세계 곳곳에서 테러가 일어나고 위험한 화학무기 폭발물이 배달되는 세상이 불안해서일 것이다.

한국의 젊은이들도 자신의 자녀들이 살아갈 세상을 이렇게 불안하게 보는 것일까? 그렇다면 누가 이런 불안감을 심어주었을까? 매일 접하는 신문, 방송, 유튜브 등으로 전달되는 사회 현상은 무엇인가 불안하다.
정치인들은 다음 정권을 잡기 위해서 사실을 말하기보다는 가짜 뉴스를 만들어 사회를 불안하게 만들기를 주저하지 않는다. 서로 상생한다는 것은 사라진 지 오래다.

미세먼지 또한 삶을 불안하게 하는 한 요소다. 우리는 누구나 더 큰 집에서, 더 큰 차를 타고, 24시간 쾌적한 환경에서 살고 싶어 한다. 육류 소비도 몇 배로 늘었다. 이런 상황에서는 미세먼지 발생이 필연적이다. 원전을 많이 지으면 미세먼지를 해결할 것 같지만 좁은 나라에서 바닷가에 지으면 지진 걱정, 강가에 지으면 강의 오염을 피할 수 없다. 일본과 러시아의 원전사고 기억 때문에 편하게 발 뻗고 자기 힘들 것이다.

지구는 우리가 하고 싶은 것을 다 하면서 살아도 될 만큼 모든 것이 풍족할까? 모든 종교가 절제와 나눔을 미덕으로 삼는 것을 보면 신은 지구를 만들 때 모두가 모든 욕망을 충족시킬 수 있게 만들지는 않은 것 같다.

우리가 욕망이라는 전차를 타고 끝없이 달려간다면 종착역엔 과연 무엇이 있을까? 그동안 어느 정도에서 만족해야 한다고 학습할 기회는 많았고 기회는 지금도 있다. 한국의 젊은이들이 느끼는 끝없는 욕망을 채울 수 없을 것 같은 불안감이 저출산으로 이어지는 것은 아닐까?

우리 모두가 어느 정도에서 욕망을 자제하고, 의미 있는 일에서 삶의 보람을 찾는 방법을 학습해야 한다. 그래야 젊은이들도 학습할 것이다.

유튜브 정보
가려서 섭취해야

새해 아침 샌디에이고의 코로나도 비치에 섰다. 정연복의 시 〈새해 아침에〉를 떠올렸다. "새해를 맞이할 때마다 아직도 마음 한구석 / 미묘한 떨림이 있는 것은 / 새로운 삶에 대한 희망이 꿈틀대기 때문".

올해에도 많은 사람이 희망과 설렘으로 새해를 시작했을까? 아닌 것 같다. 그러기에는 정치, 경제, 사회에 대한 불확실성이 너무 많고 서로의 생각 또한 극명하게 나누어져 있어 서로 불편함을 느끼는 경우가 많아서다. 미국에 살면서도 많은 사람은 한국이 금방 어떻게 될 것처럼 걱정하고 현 정부를 강하게 비난한다.

한 지인은 갑자기 짜게 먹기 시작했다. 우리 몸은 일정한 염도를 유지해야 하는데 보통은 너무 낮다는 것이다. 염도가 낮으면 면역력이 떨어져 병이 발생한다며 염도 측정기까지 준비했다. 부인이 암 수술한 전력도 있어 옳은 방법이 아니라고 권했으나 생각을 바꾸지 않았다. 이런 강한 믿음들은 다 유튜브에서 얻은 정보를 기초로 하고 있다.

신문이나 방송, 책에서 정보를 얻던 시대에는 만드는 사람들이 보편적인 상식과 양식, 훈련된 지식이 있어서 정보를 신뢰할 수 있다. 서로 생각이 다르다 할지라도 얻는 정보가 과격하지가 않아 서로의 다름을 토론할 수 있었다.

그러나 유튜브는 다르다. 누구나 개인이 만들 수 있는 유튜브는 생산자와 수요자 사이에 아무런 여과장치 없이 바로 전달된다. 수익구조 때문에 더 많은 사람이 클릭하게 하기 위해 자극적인 제목, 과격한 언어, 거짓 정보가 난무해도 걸러낼 장치가 없다.

50대 이상의 한국인은 유튜브에서 가장 많은 정보를 얻는다고 한다. 아마 이용하기가 쉬워서일 것이다. 그래서 주변이 더 과격해지고 불편해지는 것일까? 유튜브는 분명 순기능이 많아 얻을 수 있는 것이 많다. 그러나 역기능을 걸러낼 수 없으면 또 다른 사회문제가 될 수 있다. 이제 30여 년을 더 사는 시대가 됐다. 유튜브의 거짓 정보에 우리의 사고를 지배당하지 않기 위해서는 두 눈을 부릅떠야 할 것 같다.

솔개에 대한 우화다. 조류 중에서 가장 장수하는 솔개는 70년까지 사는데, 70까지 살려면 40년이 될 때 다시 태어나는 과정을 거쳐야 한다.

40년이 되면 발톱이 노화되어 효과적인 사냥을 할 수 없다. 부리도 무겁게 되어 하늘 높이 날 수도 없다. 이때 더 살기를 원하는 솔개는 바위에 부리를 쪼아 부서뜨려 다시 나게 한다. 다시 난 부리로 발톱과 깃털을 뽑아 재생케 한다.

처절하게 다시 태어나는 과정을 거친 후 솔개는 다시 사냥할 수 있게 돼 30년을 더 산다는 이야기다.

무엇인가를 새롭게 하거나 새로워지기 위해서는 이렇게 큰 노력이 필요하다.
오랜 세월을 살면서 축적되어 온 경험을 통해 얻어진 생각을 바꾸는 것이 쉬운 일은 아니지만 세상은 바뀌고 있다.

새롭게 변하는 세상에서 옛것에만 집착하지 말자. 새로운 것을 받아들이기 위해 노력하면 새로운 희망이 보이고 새로운 세상이 그려질 것이다.

결단할 때 읽는 책, 예수라면

나에게 책은 항상 곁에서 마음의 평정을 갖게 해주고 위로해 주고 때로는 도전할 수 있는 용기를 주는 친구였다.

1,800년대가 끝나갈 무렵 미국 사회는 실업, 가난, 빈부 격차 등으로 극심한 몸살을 앓고 있었다. 이때 찰스 먼로 쉘돈(1857~1946)은 뉴욕 출신으로 아이비리그인 브라운 대학, 명문 안도보 신학대학원을 졸업하고 캔자스 토피카 지역에서 교회를 담임하고 있었다. 그는 안락한 생활이 보장된 젊은 목사였지만 교회 밖에서 일어나고 있는 일에 대해 교회가 침묵하고 있을 수 없다고 생각했다. 실직한 인쇄공으로 위장하고 빈민들 속으로 들어가 본 그는 그들에게 교회와 사회의 관심이 절실하다는 것을 깨달았다.

그가 교회와 사회가 어려운 이들에게 관심을 갖게 하기 위해 쓴 소설이 《In His Steps: What would Jesus do?》이다. 1897년 출판되어 지금까지 미국에서만 3,000만 권 이상이 판매되어 미국 사회에 상당한 영향을 끼쳤다. 1982년 한국어 번역본 제목은 《예수라면 어떻게 할 것인가》이다.

한 실직한 인쇄공이 사회와 교회로부터 버림받고 마지막으로 한 교회에 찾아가 죽어가면서 자신의 처지에 대해 "예수라면 어떻게 할 것인가"라고 절규하며 소설은 시작된다.

이 일에 충격받은 교회의 맥스웰 목사가 자신의 뜻에 동조하는 일단의 교인들과 1년간 모든 일을 시작할 때 "예수라면 어떻게 했을까"라는 질문을 하고 예수라면 했을 만한 일을 실행하면서 일어나는 일들을 다룬 것이 이 책의 내용이다. 그로부터 120년이 지난 지금 우리 사회는 그때 한 인쇄공의 절규가 이제 필요 없을 만큼 변화했는가? 대답은 "아니다"다. 그동안 많이 변화하긴 했지만 아직도 우리 주변에는 이 질문에 도전받아야 할 이유가 너무 많이 존재하는 것 같다. 사실 기독교에는 이 질문에 응답하는 사람들이 많이 있다. 중남미 선교지에 가보면 안락한 미국 생활을 포기하고 오지에서 척박한 환경을 견디면서 그들의 의식을 깨워주기 위해서 헌신하는 목사, 교인들이 많이 있다.

우리의 마음은 한번 좋은 결심을 했다 하더라도 무엇인가로부터 도움을 받아야 그 결심이 계속 유지된다. 그것이 내게는 책이었다. 이 책도 그중의 하나다. 편안한 생활에 안주하고 있는 일상이 부끄러워질 때, 무엇인가 의미 있는 일을 하고 싶을 때, 내가 속한 사회에 변화가 필요하다고 느껴질 때, 결단을 내려야 할 때, 이 질문에 도전받아 보라고 권하고 싶다.

아버지가
수필 전집을 사 오셨다

밤이 깊어지는 계절, 책 읽기에 좋은 때다. 내가 책하고 깊은 인연을 맺게 된 것은 중학교 때였다. 호기심 많고 질문하기를 좋아했던 나는 지도를 보고 여러 곳을 상상해 보는 것을 좋아했다. 지도에서 여러 곳을 돌아보다 책을 읽기 시작했다. 책 속에는 더 구체적인 세상이 있었다.

당시 내가 다니던 부산의 한 중학교 근처에는 판매와 대여를 병행하는 서점이 있었다. 서점의 반은 대여용 도서로 꽉 채워져 있었다. 그때에도 지금처럼 학교에서는 어떤 책을 어떻게 읽어야 하는지를 가르쳐 주지 않았다. 그냥 재미있어서 읽다 보니 점점 더 흥미를 가지게 되었다. 지금 생각해도 다행스러운 것은 소설과 위인전을 거쳐 세계 명작류로 분류되는 책들을 주로 읽었다는 것이다. 톨스토이와 도스토옙스

키, 헤밍웨이와 존 스타인벡 등을 읽었고 뒤마의 《몬테크리스토 백작》 이나 마크 트웨인의 책을 읽을 때는 밤을 새우기도 했다. 아직도 안 읽은 책이 있느냐고 물으며 웃던 서점 주인의 모습이 아직도 선하다.

그때는 고전이 어떤 책이고 왜 읽어야 하는지를 몰랐다. 베스트셀러 《어떻게 읽어야 하는가》를 쓴 컬럼비아 대학의 모티머 J. 애들러 교수에 의하면 그동안 서양에서만 수백만 권의 책이 발행되었는데, 수천 년 역사 속에서 살아남은 몇백 권이 고전이다. 우리 삶의 지평을 넓혀 주고 세상과 삶에 대한 이해력을 높여주며 우리의 정신세계를 확장시켜 주는 것이 오랜 역사를 통해 증명되었기 때문이라는 것이다.

고등학교를 진학하고 얼마 지나지 않아 하루는 아버지가 회사에서 철학자 김형석 교수의 수필 전집을 사 오셨다. 아버지는 공부를 많이 하고 책을 좋아하셨던 분은 아니었다. 아마 판매원이 회사를 방문해 다들 전집류를 사니까 그중 가장 부피가 작은 수필 전집을 사 오셨을 것이라고 생각했다. 《고독이라는 병》, 《영원과 사랑의 대화》 등 5권 정도로 되어 있었던 것 같다.

읽기가 쉬웠다. 그러나 울림은 컸다. 아마 내가 기독교 신앙을 가진 학생이었기에 더 영향을 받았을 것이다. 그의 글은 소용하지만 내 속에서 도도히 흐르는 강물이 되었다. 그의 책에서 세상을 따뜻하게 바라보고 세상에 대해 책임의식을 가지고 무엇인가를 해야 한다는 것을 배웠다. 보편적인 상식의 토대 위에 신앙을 가질 때 가장 건전한 신앙 생활을 할 수 있고 소박한 생활을 통해 행복해지는 것이 그리스도의 정신이라는 것도 알게 되었다. 그동안 독서를 통해 형성되어 가던 나의 인생관이나 세계관에 결정적인 영향을 준 책들이라 할 수 있다.

  육체는 발전에 한계가 있지만 정신세계는 독서를 통해 더 오랫동안 더 많이 변화할 수 있다. 인간이 모든 것을 경험하기에는 한계가 있지만 책을 통해 다른 사람의 경험을 접함으로써 내 속에 잠자고 있는 열정을 찾아낼 수도 있다. 특히 요즘처럼 진실이 비틀어져 전달되는 시대일수록 독서는 진실에 근접할 수 있는 능력을 길러준다. 독서는 세상을 더 나은 방향으로 변화시키고 내가 찾아야 할 길을 찾을 수 있게 할 것이다.

이 가을
고향 유감

  가을은 우리에게 다양한 색채로 다가와 삶을 더 깊이 있게 사유하게 한다. 스산한 바람 속에 떨어지는 낙엽을 보면서 지난 세월에 대해 회한에 젖어보는 것도 이때다. 기억 속에 있는 정겹고 아름답던 고향이 더 그리워지기도 한다.

  한국의 가을이 보고 싶어서 한국을 방문했다. 여행 중 추석에 천안에서 서울 가는 전철을 탔다. 전철 안에 들어섰을 때 느꼈던 당혹감, 낯섦을 잊을 수가 없다. 전철 안은 거의 다 외국인이었다. 대부분 젊은 이들인 것을 보면 이주 노동자들일 것이다. 그들은 웃는 얼굴로 창밖을 보며 서로 이야기를 나누고 있었다. 이국에서의 고된 노동 생활을 잠시 쉬고 여기저기 구경 다니고 있는 것 같았다. 한국의 명절에 딱히

갈 곳이 없는 그들이 삼삼오오 무리 지어 구경 다니는 것은 당연한 일일 것인데 왜 그리 낯설게 느껴졌던 것일까? 그것도 40년 이상 외국에서 살아온 내가 당연히 한국인들이 있을 것으로 생각한 전철 안에 외국인들이 가득 차 있으니 순간 당황했던 것 같다.

기억 속에 있는 고향. 마을 앞을 돌아 흐르던 작은 개천, 줄지어 서 있던 수양버들, 가을 들녘, 철없이 순진했던 친구들에 대한 그리움이 그대로 고국에 대한 향수와 그리움으로 전이되어 고국이 옛 모습 그대로 있을 것으로 생각했던 모양이다.

하지만 아름답게 남아 있는 고향이 더 이상 존재하지 않는 것처럼 고국도 마찬가지다. 같은 얼굴을 한 우리끼리만 모여 살 수 있는 시대가 아니다. 필요에 따라 다른 나라로 이주해 가기도 하고 다른 나라에서 이주해 오기도 한다. 더구나 한국은 출산율 최하위, 고학력 등으로 외국의 노동 인구가 절대적으로 필요한 나라다. 그동안 출산율을 높이기 위한 정부의 오랜 노력도 무위로 돌아갔다. 대안으로 떠오른 남북 간의 경제 협력도 국내외 반대 세력 때문에 쉽지 않은 모양이다.

외국 이주민들이 많이 모여 사는 안산역 주변을 방문했다. 역을 빠져나와 양쪽에 상가가 늘어선 곳으로 들어섰다. 걷는 사람들도 가게 주인들도 모두가 외국 이주민이었다. 동남아 여행을 하면서 보던 풍경과 별반 다르지 않았다. 현재 국내에는 이와 같이 외국 이주민들이 모여 자신들의 공동체를 이루며 사는 곳이 여러 곳 있다고 한다. 한국은 이미 외국 이주민이 200만 명에 가깝고 다인종 문화국가로 변하고 있다. 이제 우리가 사랑했고, 추억하고 싶은 고향과 고국은 우리의 기억 속에만 있다. 노래 속에, 아름다운 시나 산문 속에 숨겨놓고 가끔 꺼내 봐야 할 것 같다.

지난 추석, 동년배의 몇몇 가정이 LA에서 좀 떨어진 시골에 터를 잡은 지인 집에 모였다. 송편을 만들기 위해 쌀가루를 사고 송편 속에 채울 것은 각자 기호가 달라 여러 가지로 준비했다. 여인들이 송편을 만들고 나물을 만드는 동안 남자들은 장작을 준비하고 고기를 구웠다. 와자지껄한 웃음 속에 준비한 음식을 나누고 고향에서의 추석에 대한 추억담을 나누었다. 옛 추억을 같이 공유하는 벗들이 있고 가끔 만나 추억담을 나눌 수 있는 이곳에 이제 고향을 만들어야 할 것 같다.

바람직한 사회가 되려면

허브 웨슨 LA시의장이 한인타운에 건립하기로 한 노숙자 셸터를 한인타운 외곽(윌셔+후버)으로 장소를 옮겨 건립하기로 했다고 발표했다. 이는 타운 내 여러 단체 대표들과 시 관계자들이 더 합당한 장소를 찾기 위하여 공동으로 노력한 결과라고 한다.

웨슨 시의장이 한인타운에 노숙자 셸터를 건립하겠다고 발표한 것은 지난 5월 초였다. 발표 후 지역 비즈니스 업주와 주민들은 시의회에서 셸터 건립을 결정하기 위해 당연히 거쳐야 할 주민 공청회를 거치지 않은 절차상의 하자와 더 타당성 있는 장소를 찾기 위한 노력이 부족했던 것을 지적하는 항의가 이어졌다. 셸터 건립 결정에 민주적인 절차를 지키고 결정 과정에 현지 주민들의 대표들이 참여할 것을 요구하는 시위였다.

그동안 한인 주민들이 중심이 된 7차례의 항의 시위와 여러 모임 성명 발표 등을 통해 현지 주민들의 의사를 제대로 전달할 수 있었던 것은 언론의 힘이 컸다. 주민들의 의견을 한곳으로 집약시키고 같이 행동하여 큰 힘이 되게 한 것은 단연 언론이었다. 언론에서는 셸터 건립은 민주적인 절차를 거쳐서 결정되어야 한다는 당연한 주장뿐 아니라 인도적인 견지에서 셸터 건립을 반대할 수 없다는 일부 단체들의 주장 및 칼럼 등을 공평하게 실었다. 한인 사회가 다양한 의견들을 서로 제시하고 의논해서 가장 좋은 결론을 만들어 내는 성숙한 사회라는 것을 대내외에 알린 것이다. 만약 한인 사회 모두가 같은 주장만 했다면, 결과를 다행스럽게는 생각했겠지만 떳떳하지는 못했을 것이다.

김형석 교수가 최근 《백 년을 살아보니》라는 책을 출간했다. 삶에 대한 깊은 사색과 통찰을 통해 얻은 삶의 지혜가 담긴 책이다. 그는 이 책에서 우리 민족성 가운데 가장 시급하게 고쳐야 할 단점이 무엇이냐라는 질문에 "여러 가지 있지만 가장 시급하게 고쳐야 할 것은 절대주의적 사고방식을 뒷받침하는 흑백논리일 것이다"라고 대답했다.

흑과 백 사이에는 여러 가지 색들이 있는데 모두 무성하고 회색으로 여겨버렸다. 그렇게 해서 '회색분자'라는 가장 나쁜 말이 생겼다. 내 편이 아니면 모두 적으로 돌리는 경직된 사회는 좋은 사회일 수 없다. 서로 다른 것을 인정하고 얘기하고 듣고 토론하여 가장 좋은 결론을 얻을 수 있어야 한다.

다수가 원하는 좋은 결론이 정해지면 비록 내 생각과 다를지라도 내 것을 양보하고 합의된 것을 위해 노력해야 바른 사회가 되는 것이다. 대법원이 결정한 결과를 두고 내 생각과 다르다고 법원 앞에서 차를 막고 차 유리를 깨는 행위가 일어나는 사회는 좋은 사회일 수 없다.

18세기 프랑스의 계몽 사상가인 볼테르는 "나는 당신의 주장에 동의할 수 없다. 그러나 당신이 그렇게 말할 권리를 갖는 사회를 만들기 위해 죽을 때까지 싸울 것이다"라고 말했다. 우리가 만들어 가야 할 사회는 누구나 말할 수 있고 서로의 주장은 합의된 규범이 지켜지면서 서로 좋은 결론을 찾기 위해 노력하는 사회다.

우리 가곡이
주는 감동

최근 부에나파크에 있는 선한 목자 루터런 교회에서 소규모지만 의미 있는 우리 가곡 연주회가 열렸다.

테너 이종헌 아카데미에서, 매년 한 번씩 정기적으로 갖는 연주회다. 매주 한 번씩 모여 가곡을 배우고 함께 노래하는 회원들이 무대에 섰다.

전문 성악가들은 아니지만 가곡을 사랑하는 이들의 노래엔 열정과 힘이 배어 나와 듣는 이들에게 큰 감동을 주었다.

한 테너가 부른 김성태의 〈이별의 노래〉는 먼 옛일을 추억하게 만들었다. "산촌에 눈이 쌓인 어느 날 밤에 촛불을 밝혀두고 홀로 울리라"라는 소절에서 밤을 지새울 만큼 아파하고 즐거워하며 소리쳐 노래했던 옛일들이 떠오른 것이다.

아름답고 그리움이 묻어 있는 많은 추억들은 미래의 삶을 행복하게 만들어 주는 자산이 된다. 우리 가곡은 이렇게 우릴 정겨웠던 옛 시절로 데려다주는 촉매 역할을 한다. 오래전, 아르헨티나의 수도 부에노스아이레스에서 테너 엄정행, 메조소프라노 백남옥 등 4명의 성악가를 초청해 우리 가곡의 밤을 기획하고 주관한 일이 있었다.

이국에서 자라나는 자녀들이 한국적인 것을 잃어가는 것이 안타까워 한국 가곡의 밤을 열고 싶다는 우리 취지를 전해 들은 엄정행 교수 등은 고맙게도 단 한 번의 연주회를 위해 30여 시간 비행기를 타고 지구 반대편까지 와주었다. 그들은 2,000여 명의 한인들이 모인 이탈리아식 극장에서 동포들에게 조국을 회상할 수 있는 귀한 시간을 만들어 줬다.

엄 교수는 젊은 시절, 우리 가곡을 널리 알리기 위해 전국 어느 곳에서든 불러주면 찾아가서 노래를 불렀다고 했다.

마침 세계적인 테너 루치아노 파바로티와 플라시도 도밍고가 한 달 전에 부에노스아이레스에 와서 대규모 야외 연주회를 가졌다는 이야기를 들은 엄 교수는 우리 가곡이 이탈리아 가곡 등 외국 가곡과 다른 점을 설명했다.

우리 가곡은 조국의 산하, 우리의 삶과 마음을 아름답게 표현한 시에 운율을 입힌 것이므로 우리만이 이해하고 공감할 수 있는 세계가 담겨 있다는 것이다. 우리의 고유한 정서를 이해하지 못하는 세계적인 성악가가 부르는 우리 가곡이 우리의 마음에 큰 울림을 주지 못하는 것은 바로 이 때문이라고 했다.

다시 현실로 돌아와 무대를 바라보니 한복을 곱게 차려입은 한 여인이 금수현의 〈그네〉를 부르고 있었다. "두 번을 거듭 차니 사바가 발아

래라. 마음에 일만 근심을 바람이 실어가네"

 노래를 통해 우리 마음속 일만 근심을 바람에 실어 보내고 마음속 깊이 간직한 사랑하고 이해하고 그리워하는 마음을 찾아낸다면 우리 삶이 더 풍요롭고 보람될 것이란 생각이 들었다.

인생만사
새옹지마인 것을

　새옹지마란 중국 고전 《회남자》의 〈인간훈〉에 나오는 이야기다. 중국 국경 근방에 살던 한 노인이 기르던 말이 사라졌다. 몇 달 후, 그 말은 더 좋은 말을 데리고 왔다. 노인의 아들이 그 말을 타다가 떨어져 다리가 부러졌다. 그 후 전쟁이 나서 마을 젊은이들이 다 전쟁에 나가 죽었는데 그 아들만은 부러진 다리 때문에 살 수 있었다. 이렇게 인간사에 좋고 나쁜 일이 끊임없이 반복된다는 뜻으로 쓰이는 말이 새옹지마다.

　한 달에 한 번씩 만나 식사를 하는 작은 모임이 있다. 그중 K 씨는 늘 자신의 건강에 대해 한 가지 불만이 있었다. 젊을 때 앓았던 간염 때문인지 간염 주사를 맞아도 항체가 생기지 않아 6개월에 한 번씩 정기적으로 간 검사를 해야 하는 일이 있었다.

그가 어느 날 담담하게 얘기했다. 지난번 간 검사에서 간암 판정을 받았다는 것이다. 일순 일행이 긴장하자 웃으며 아주 초기여서 아무 곳에도 전이되지 않았고 크기도 작아 내시경으로 간단히 제거가 가능하다고 했다. 간암은 거의 다 늦게 발견돼 치료가 불가능한 경우가 많은데, 자주 간 검사를 해야 했던 작은 불행이 그런 큰 불행을 막아준 것에 아주 만족해하는 것 같았다.

LA한인타운과 부에나파크에 있어서, 우리에게도 친숙했던, '카페네'의 사장을 지내고 한국에서 커피왕으로 불리던 분이 스스로 목숨을 끊었다고 한다. 이제 겨우 50세였는데 말이다. 물론 그렇게까지 된 데는 여러 이유가 있었을 것이다. 하지만 재기할 기회가 얼마든지 있었을 텐데 안타까운 일이다.

그렇게 똑똑했던 그에게 실패를 두려워하지 않고 다시 도전하는 강인한 정신은 왜 없었을까?

에디슨은 전구에 불이 들어오게 하기까지 2,000번이나 실패를 반복했다. 그러다 마침내 전구에 불이 들어오자 지켜보던 수많은 기자들이 환호하며 물었다.

"에디슨 씨, 축하합니다. 그래, 2,000번이나 실패했는데 그때마다 기분이 어땠습니까?"

에디슨이 대답했다.

"나는 한 번도 실패한 적이 없습니다. 전구에 불이 들어오기까지 2,000번의 과정을 거쳤을 뿐입니다"

실패를 성공으로 가는 과정으로 여기고 다시 도전하는 정신이 더 중요한 것 같다. 아들이 말을 타다 떨어져 다리가 부러지자 불행을 위로하던 동네 사람들에게 "허허, 이 일이 복이 될지 어찌 알겠소?"라며 담담해하던 국경 마을 노인의 평정심을 배워야겠다.

어차피 인생만사 새옹지마인 것을.

부모 생각이 항상
옳은 것은 아니다

〈치즈(Zits)〉는 제리 스콧과 짐 보그맨이 그리는 신문 만화다. 45개 국가 1,700여 신문에 연재되면서 세계적으로 인기를 끌고 있다. 주인 공인 16세 고등학생 제러미가 가정과 사회, 학교 친구들과 겪는 여러 가지 이야기를 다루는데 주로 그의 부모인 중년 부부가 함께 등장한다.

작년 크리스마스 무렵 《LA 타임스》에 실린 내용은 이렇다. 제러미가 부모와 함께 탁자에 앉아 있었다. 그의 부모가 이렇게 가족이 함께 식사하고 놀이까지 하니 얼마나 즐겁고 좋으냐고 하자 제러미가 산뜩 부은 얼굴로 그런 소리 절대 하지 말라고 한다. 그리고 마지막 컷에는 놀이하는 전체 장면이 나오는데 제러미의 양팔과 몸이 큰 의자 등받이에 칭칭 감겨 있고, 놀이 기구는 입에 물려 있다.

이 만화는 부모 자식 사이라도 같이 공감하고 소통하는 것이 얼마나 어려운지를 그리고 있다. 아무리 부모라고 해도 자녀를 억지로 따르게 해서는 절대 자녀의 마음을 얻을 수 없음을 보여주는 것이다. 이 만화가 이런 세대 간 갈등을 자주 그리는 것은 이 문제가 미국뿐 아니라 세계 모든 나라 사람들의 공통적인 화두여서일 것이다.

최근 한국의 젊은이들을 대상으로 한 조사에서도 한국 사회에서의 가장 큰 문제는 지역 갈등이나 빈부 격차가 아니라 세대 간 갈등이라는 대답이 가장 많았다고 한다. 이런 조사가 아니어도 한국 사회 여러 곳에서는 이미 세대 간 갈등이 심각하게 나타나고 있다. 세대 간 갈등은 어느 시대에나 있었지만 지금처럼 첨예하게 대립된 적은 없었다. 갈등을 해소하기 위해서는 어느 쪽도 다른 쪽의 일방적인 양보를 강요해서는 안 된다.

서로가 조금씩 양보하여 합의해 나갈 수 있는 지혜가 필요하다. 지금까지 내려온 부모나 성인들의 전통적 역할도 이젠 변해야 할 때가 되었다. 부모세대가 생각하는 가치나 행복한 삶의 조건들은 이제 더 이상 자녀들에게 공감을 얻지 못할 개연성이 많아졌기 때문이다.

이젠 자녀들을 가르쳐서 무조건 따라오게 하기보다는 그들 스스로 생각하고 결정해서 이상적인 삶을 만들어 가도록 돕는 것으로 부모의 책임을 다하는 것이 좋을 것 같다. 지나친 간섭은 젊은이들의 마음속에 본래 가지고 있던 어른을 배려하는 작은 마음마저 더 작아지게 할 수도 있기 때문이다.

한국도 내일이면 새로운 대통령이 선출된다. 이 엄정한 시점에 젊은이와 어른들 모두 현명한 태도와 선택을 통해 바람직한 한국의 미래를 만들어 갔으면 좋겠다.

수박 열 덩어리를 사신
어머니의 마음

지난여름 B 목사가 한국을 방문했다. 십수 년 만의 고향 방문에는 아내와 두 딸이 동행했다. 비행기에서 가만히 두 눈을 감았다. 미국에서의 지난 일들이 오버랩되어 온다. 미국에 와서 어렵게 공부하던 일, 학업을 마치고 부목사로 일한 일, 처음 독립교회를 맡을 때의 막연한 두려움, 40대 초반에 교회를 2,000명 가까운 교인으로 성장시킨 일 등, 주변에선 어떻게 그렇게 되었느냐고 묻는데 정작 자신은 그 이유를 알 수 없었다. 다만 예수님과 닮은 삶을 살기 위해 노력했나는 생각은 들었다.

비행기가 공항에 도착하자 어머니가 나와 계셨다. 늙은 얼굴에 마음이 아팠다. 어머니는 아들을 데리고 큰 마켓으로 가서 큰 수박을 10통이나 사셨다. 왜 그러냐고 물었지만 그저 웃으며 갈 데가 있다고만 하셨다. 차는 B 목사가 나고 자란 시골 동네로 들어섰다. 친인척들이 모여 사는 집성촌이다. 제일 가까운 곳에 있는 친척 집부터 들어갔다. 어머니는 트렁크에서 수박 한 덩이를 내려놓으며 말했다. "우리 작은 아들이 미국에서 공부하고, 미국에서 큰 교회를 맡아 목회하는데 이번에 다니러 왔어요"

그러면서 자랑스럽게 아들을 돌아보았다.

B 목사는 면구스러워 뒤로 숨고만 싶었다. 미국에서 사 온 것도 아니고 그것도 고작 수박 한 덩이를 가지고, 하지만 당당하게 온 얼굴에 웃음 띠며 아들 식구를 바라보는 어머니를 보며 어린 시절을 떠올렸다. 친척들 중 가장 어렵게 살던 부모님은 제대로 기 한번 펴고 살지 못했다. 가끔 있던 친척들 잔치에 가면 아버지, 어머니는 항상 허드렛일만 하셨다.

잔치가 끝날 무렵 남자들과 여자들이 나뉘어 방에 앉아 담소할 때도 거기에 끼질 못했다. 아버지는 마지막까지 집 안팎을 다니며 청소를 하셨고 어머니는 물가에 쭈그리고 앉아 끝까지 설거지를 하셨다.

한번은 잔치가 끝난 후, 집주인이 남은 음식을 싸서 친척들에게 나누어 주는데 마지막까지 일한 어머니에겐 생선 대가리 2개를 신문에 싸 주었다. 집에 와 생선 대가리를 쓰레기통에 던진 어머니는 밤새 소리 없이 우셨다. B 목사도 어린 마음이지만 잠을 이룰 수 없었다.

"야, 다음 집으로 가자" 어머니가 자랑스러운 얼굴로 말씀하셨다. '아, 내가 이렇게 어머니에게 자랑스러운 아들이구나' B 목사는 속으로 생각하며 문득 자신을 돌아봤다. '육신의 어머니는 이렇게 나를 사랑스러워하시는데 영의 아버지인 예수님도 목사인 나를 과연 자랑스러워하실까?'

부끄러운 생각이 들었다. 분명 그렇지 않을 것 같아서였다. 교회가 세상의 존경을 받아야 하는데 그렇지 않아서였다. '그래, 더 노력해야지, 예수님을 닮기 위해 더 노력하고, 예수님이 기뻐하시는 교회를 만들기 위해 더 힘써야지' B 목사는 가만히 두 주먹을 쥐었다.

500명 교인이
1년 새 1,500명이 된 교회

요즘 여러 조사에 나타난 것을 보면 기독교인의 감소세가 예사롭지 않다. 기독교가 세간의 비판의 대상이 된 지도 오래다. 유럽에서의 기독교 상황은 더 지리멸렬이다. 유럽이 잘살게 되면서 교인 수가 줄어든 것을 보면, 잘 살기 위해 필요했던 종교는 그 목적이 충족되면 더 이상 필요가 없어지는 모양이다. 그렇다면 현대 교인들이 교회에서 원하는 것은 무엇일까? 말과 행동이 일치하는 지도자의 진정성도 그 중의 하나가 아닐까 싶다.

요즘 교인들이 무엇을 원하는지를 잘 보여주는 교회가 있다. 오렌지카운티 플러톤에 있는 이 교회는 지난 1년 동안 500명의 교인이 1,500명으로 늘었다. 교회가 어려움도 겪었지만 한 젊은 목사가 부임하면서 상황이 달라진 것이다. 이 교회의 젊은 목사는 주일 1, 2, 3부

세 번의 예배에서 원고 없이 설교한다. 그렇다고 아무런 준비 없이 하는 것이 아니라 오히려 더 철저히 준비해 교인들을 바라보며 세 번을 똑같이 한다. 그의 삶이 늘 기도와 묵상으로 하나님과 교감하고 교인을 위하는 간절한 마음으로 설교를 준비하는 것이 생활의 전부이기에 가능한 일일 것이다. 아마도 말씀을 전하기보다 교회 안팎의 다른 일에 더 관심을 가진 목회자라면 절대 불가능한 일이다.

그의 설교는 교인들이 듣고 싶어 하는 소리를 하는 것이 아니라 성경의 본질만 이야기한다. 예를 들면 이렇다. "여러분의 재물은 자신들이 살아가는 데 필요한 만큼만 자신의 것이고 다른 것은 다른 이들을 위해 써야 합니다", "내가 기도해서 무엇인가 얻을 것이라고 생각하면 안 됩니다. 우리가 늘 기도해야 하는 것은 주님과 교감하며 믿음을 지키고 내가 잘하고 있는지를 겸허히 성찰하기 위해서입니다". 물론 전에도 이런 이야기를 하는 지도자는 많이 있었다. 문제는 말하는 사람이 진정성을 보일 때 다른 사람의 공감을 이끌어 낼 수 있다는 것이다. 이런 지도자의 말씀을 들으며 바른 신앙생활을 몸에 익힌 교인이라면 어떤 경우에도 기독교를 떠나지 않을 것이다. 늘 주님과 교감하며 무엇을 해야 할지를 생각하고 실천할 것이기 때문이다.

지금도 분란을 겪고 있는 한인교회들의 안타까운 소식이 끊이질 않는다. 무쪼록 말과 행동이 일치하는 지도자 크리스천들이 더 많아져 더 이상 기독교가 사회의 부정적인 비판을 받지 않기를 기도한다.

새벽기도보다 중요한
신앙인의 자세

가끔 H 목사를 생각한다. 뉴욕에서 상당히 큰 교회를 오랫동안 담임하고 있던 그는 거구의 몸으로 주일에 교회 아래위층을 분주히 돌아다닌다. 여러 교실이나 사무실에 필요 없이 켜져 있는 불을 끄기 위해서다.

교회에서도 화환을 보내야 할 때가 있다. 뉴욕에서도 장례식에는 똑같은 크기의 화환들이 여러 다른 이름표를 단 채 즐비하게 서 있다. 그 가운데 유독 키 작은 화환 하나가 끼어 있다. 교회 책임 장로들은 상당히 민망해한다. 이름표만 보면 누구나 알 수 있는 큰 교회인데 "얼마나 인색했으면 저런 것을!"이라는 시선이 뒷머리에 스멀거리는 것 같아서다. 그러나 H 목사의 지론은 단호하다. 곧 버려질 것에 많은 돈을 쓰는 것은 성경적이지 않다는 것이다.

한번은 주일 대예배 설교 중 조금 베어 먹다 만 사과를 쳐들었다. 학생부 쓰레기통에서 주워 온 것이다.

학부모들에 대한 질책이 쏟아졌다. 어린 자녀들이 절약하지 않고 낭비하게 해서는 안 된다는 것이다. 학부모들은 반발했다. 젊은 부모들이 자녀에게 최고의 교육을 시키고 있다는 자존심이 너무나 사소한 것 때문에 상처를 입었다고 생각을 한 것이다. 그들을 설득하기 위해 여러 번 회의를 해야 했다.

H 목사는 새벽에 기도하러 먼 교회까지 오는 것보다 쓸데없이 켜진 전등 하나 끄는 절약 정신이 더 바람직한 신앙인의 자세라고 생각했다.

지구 온난화로 빙하가 녹아서 사라지고 북극곰의 개체 수도 현저히 줄고 있다. 태평양의 작은 섬들도 해수면 상승으로 바닷속으로 가라앉고 있다.

이러한 보도에도 우리는 크게 신경 쓰지 않는다. 우선 내가 더위나 추위를 피하고 쾌적한 환경에서 생활하는 것을 더 중요하게 여기기 때문이다. 세계 최고의 에너지 소비국가 미국에서도 더 편리하기 원하고 더 큰 차, 더 큰 집을 원한다. 우리 후손들이 더 좋은 환경에서 살아가기를 원하면서도 그들이 살아갈 지구가 황폐화되는 것에 둔감한 것은 이해하기 힘든 일이다.

사람들은 전기차 생산에 환호하지만 전기를 더 생산하기 위해서 건설해야 하는 화력발전소가 공해를 양산하고 원자력발전소는 시한폭탄처럼 불안하다는 것을 생각하지 않는다. H 목사가 그때는 과하다고 생각했지만 지금 생각해 보면 그의 기독교적 신앙관이야말로 우리 자녀들을 위해 지구를 잘 보존할 수 있는 방법이 아닌가 생각해 본다. 그래서 나는 가끔 H 목사가 그립다.

혼돈의 시절에
새로운 희망 찾기

가을이 지났나 싶더니 어느새 겨울이다. 단아한 단풍의 가을 정취도 새하얀 눈을 맞는 경험도 무척 어려운 곳이지만 그래도 산에서, 공원에서, 가로수에서 가을이 떠난 자리에서 겨울이 채운 흔적을 볼 수 있다. 밤이 긴 계절은 독서에 적합한 시기다. 독서는 항상 해야지 특정한 때를 정해서 하는 것은 아니지만 그래도 사람을 사람 되게 만들어 주는 책, 깊이 생각하게 하고 사유의 폭을 넓혀주는 책들은 유독 가을과 겨울에 더 읽고 싶어진다.

공자는 40이면 불혹이라고 했다. 세상일이 미혹되지 않을 만큼 마음이 알차진다는 뜻이다. 가만히 있어도 나이 40이 되면 그렇게 될까? 그렇지는 않을 것이다. 몸에도 근육이 많아야 면역력도 높고 건강한 몸을 유지할 수 있듯이 세상일이 이리저리 흔들리지 않으려면 마음도 근육이 쌓여야 한다. 사람이 배우고 받아들일 수 있는 수단은 여러 가지 있지만, 받아들인 것을 깊이 생각해서 자기 것으로 만들고 무엇을 해야 할 것인가를 알려주는 과정까지 이르게 하는 것은 독서만 한 것이 없다. 그러니 다양한 독서를 통해 세상을 보고 받아들이고 옳게 반응할 수 있는 내면의 근육을 키워야 할 것이다.

종교도 사람답게 살도록 가르친다. 어떤 종교이든지 사람이 도리를 지키고 이웃을 배려하며 살라고 권한다. 그러나 전체 인구의 60~90%가 종교를 가진 국가보다 종교인 인구가 10%도 안 되는 나라 사람들이 더 인간의 도리를 잘 지키고 높은 인격을 지닌 경우도 많다. 극한 상황에서도 인간의 품격을 잃지 않고 남을 배려하며 위기를 극복하는 나라들은 의외로 종교인이 적은 경우가 많다.

왜일까? 어릴 때부터 습관화된 독서의 영향이 아닐까 생각해 본다. 그래서 종교인들도 독서가 필요하다.

지금 한국에서 일어나고 있는 일들은 한껏 높았던 한국인의 자부심을 한꺼번에 무너지게 만들었다. 나라가 이 지경까지 오게 된 것은 한두 사람의 잘못 때문이 아닐 것이다. 오랫동안 후진국형 국가 시스템을 바로잡지 않고 그때그때 임기응변으로 응급처치만 하며 눈에 보이는 성과만 좇으며 살아온 결과다. 그동안 여러 가지 사건들을 통해 국가 시스템을 바꿔야 한다는 지적이 있었지만 매번 기회를 살리지 못했다.

이웃 나라 일본은 했는데 우리는 못 한 것이 가슴 아프다. 그러나 이번에 질서정연했던 시위 문화에서 희망을 본다. 이번 사태를 전화위복으로 삼아 선진국형 시스템을 갖춰나가고 높은 도덕성을 가진 사람들에게 국가 경영을 맡긴다면 명실공히 선진국으로 다시 도약할 수 있는 계기가 될 것이다.

 밤이 긴 계절이다. 긴 밤 한국에서 오는 카톡을 보고 또 보느라 잠 못 이루는 친구에게 스마트폰을 끄고 책을 많이 읽으라고 권하고 싶다.

졸혼하는 부부,
해로하는 부부

'졸혼'이란 결혼을 졸업한다는 뜻이다. 일본에서 결혼한 지 30~40년 이상 지난 부부가 이혼하지 않고 서로 자유롭게 살기 위해 택하는 방법이라고 한다. 이혼할 때 생기는 여러 가지 번거로움이나 주변의 따가운 시선을 피하기 위해 결혼 생활은 유지한 채 각자 자신의 꿈을 위해 혹은 자신만의 시간을 갖기 위해 택하는 새로운 풍속이란다.

일본 메이지 야스다 생활복지 연구소에 의하면 일본인들은 남성보다 여성이 졸혼에 대해 더 긍정적으로 생각한다고 한다. 황혼이니 젓은 낙엽이니 하는 새로운 세대의 풍속도를 항상 먼저 만들어 내는 일본에서 또 새로운 풍속이 성행하고 있는 것이다.

평균 수명이 길어지면서 전에 없던 새로운 질병이 자꾸 생겨나듯이 결혼 생활도 길어지면서 전에 경험하지 못한 새로운 변화가 일어나고 있는 모양이다. 이제 제2, 제3의 삶을 개척해야 하는 것처럼 결혼 생활에서도 새로운 관계 설정이나 마음가짐이 필요한 것 같다.

인간이 가진 여러 가지 좋은 감정 중 가장 고귀한 것은 연민이라고 한다. 코넬 대학 연구에 의하면 젊은 남녀가 처음 만나 서로 강하게 끌리게 하는 뇌세포는 2년 뒤에는 없어진다고 한다. 때문에 이후에는 서로 동행하면서 이해하고 공감하며 사랑을 만들어 가야 원만한 부부생활이 된다.

세월이 흘러 이해와 공감도 하기 힘들어지면 서로 연민의 정으로 양보하며 살아갈 수도 있다. '저 사람도 나와 살며 자식 키우고 고생했지' 하는 측은지심은 함께 해로하는 부부라면 누구나 가질 수 있는 감정이다.

서로 다른 점이 많아도 가질 수가 있다.

따라서 졸혼까지 하지 않아도 되는 것이다.

우리 영어 훈련원 학생들에게서도 이런 예는 흔히 발견된다. 70대 중반의 A 씨는 영어 공부를 하기 위해 플러톤 학원까지 40여 분이나 차를 타고 온다. 자신은 야맹증 때문에 밤에 운전을 할 수 없기 때문에 영어 잘하는 남편이 운전을 해주는데, 남편은 아내가 공부하는 시간 내내 밖에서 기다려 준다. 남편은 자녀들이 결혼해서 모두 떠나고 부부만 같이 사는데 혹시라도 자기가 먼저 세상을 떠난다면 혼자 남은 아내가 영어를 몰라 얼마나 답답하게 살아갈까 하는 안타까운 마음에 12주 내내 한 번도 안 빠지고 아내를 위해 함께 온 것이다.

나이가 들면서 부부가 서로 가엾게 여기는 고귀한 감정이 생기게 한 것은 요즘 같은 장수 시대에 결혼 생활이 길어질 것을 미리 예견한 신의 배려가 아니었나 싶다.

가을 숲속에서 듣는 마음의 소리

　가을이다. 한 주에 한 번씩 가는 글렌도라산의 트레일을 걸으면 어느덧 가을이 왔음을 숲속의 나무들이 알려준다. 고요한 숲은 우리의 마음을 명징하게 해 바쁜 일상에서는 들을 수 없는 내면의 소리를 들을 수 있게 한다.

　160년 전 헨리 데이비드 소로는 하버드 대학을 졸업한 후 28세가 되었을 때 좀 더 단순하고 본질적인 사실만을 대면해 의미 있는 삶을 살기 위해 매사추세츠주 콩코드시 부근 월든 호숫가 숲으로 들어갔다. 2년 2개월 동안 손수 작은 통나무집을 짓고 채소 등을 가꾸며 자급자족했다. 꼭 필요한 것만 소유하고 숲과 호수의 소리를 들으며 자연이 주는 기쁨과 함께 살았다. 고독만큼 벗하기 좋은 친구는 없다며 자연과 교감하고 자신의 내면세계를 정리했다.

그는 우리가 소유하고 있다고 생각하는 것들에게, 사실은 소유당했다고 말하며 욕망을 버리고 더 단순한 삶을 살기를 원했다. 그가 쓴 《월든》 등의 저서는 미국과 전 세계 사람들에게 큰 영향을 주었고, 간디나 마틴 루서 킹 목사 등 많은 유명인사들에게도 지대한 영향을 끼쳤다. 지금도 한 해 60만 여명이 월든 호수를 찾아 그가 살던 곳을 들러본다 한다.

소로의 사상은 새로운 것은 아니었다. 2,000년 전 예수도 천국으로 가는 여덟 가지 조건을 말했는데, 그중 두 가지가 "마음이 가난해야 한다"는 것과 "마음이 청결해야 한다"는 것이었다. 마음이 가난하다는 것은 욕망, 자만, 미움 등 세속적인 것이 아닌, 비운 마음을 말한다. 비워야 그 속에 그리스도의 마음이 들어올 수 있기 때문이다.

실제로 기독교 초창기 자신의 많은 재산을 팔아 가난한 이들에게 나누어 주고 사막의 작은 오아시스로 들어가 청빈한 삶을 실천했던 수도사들도 많다.

우리 주변에도 찾아보면 월든처럼 조용한 호수나 숲들이 많다. 가까이 있는 산 가브리엘의 숲을 혼자 걷거나 고요한 호숫가에 텐트를 치고 새벽 호수에 피어나는 물안개를 보고 있노라면 우리 내면에서 들려오는 이런 소리를 들을 수 있을지도 모른다. '그래, 내가 갖고 싶은 것이 많지 않으면 더 많은 내 시간이 생길 것이고 네가 하고 싶은 일을 더 많이 할 수 있을 것이다'라고.

80세에
피아노를 배우기 시작한 사람

어떤 책에서 읽은 이야기다. 90세에 가까운 한 어르신이 있다. 그는 50대 후반까지는 누구보다도 성공적인 삶을 살았다. 하지만 그는 퇴직 후의 삶을 계획하지 않았다. 그 시대 누구나 그랬던 것처럼 계획 없이 은퇴 생활을 시작했다. 얼마를 더 살 수 있을지도 몰랐다. 30년 이상을 그렇게 무료한 시간을 보낸 후 90세가 가까운 지금 그는 지난 시간이 너무 아깝고 후회가 된다고 고백하고 있다.

요즘은 옛날과 달리 거의 확실하게 얼마나 더 건강하게 살 수 있을 것이라는 걸 알 수도 있다. 은퇴 후의 계획을 잘 세워야 후회 없는 삶을 살 수 있는 세대인 것이다. 미주 한인 사회에서도 70~80대 나이에 왕성하게 사회활동을 하는 이들이 많이 있다. 70대 중반에 히말라야 최고봉에 도전하기도 하고 경영하던 비즈니스를 정리하고 해외 선교지에 가서 영어를 가르치며 선교사를 도와 일하기도 한다.

누구나 이루고 싶은 여러 가지 꿈을 가지고 있다. 어떤 꿈이 더 가치가 있는지는 본인이 생각하고 결정하면 된다. 미국 은퇴자 연구 센터에서 수십 년에 걸쳐 은퇴 후 어떤 사람이 가장 행복을 느끼며 사는가를 조사해 발표했다. 1위는 월페어를 받는 여성으로 긍정적으로 살며 매주 세 번씩 정기적으로 어려운 이들을 위해 자원봉사 하는 사람이었다. 2위는 변호사로 정년퇴직한 남성으로 80세에 피아노를 배우기 시작해 발표회를 준비하고 있는 사람이었다. 그동안 미국 삶의 터전 마련을 위해, 혹은 자녀교육 때문에 제쳐놓았던 꿈이 있었다면 이제라도 도전해 보는 것이 어떨까. "이 나이에 무슨?" 하는 사람에겐 미국의 사회교육 사업가 사무엘 울만이 78세에 지은 〈청춘〉이란 시의 일부를 들려주고 싶다.

"청춘이란 인생의 어떤 시기가 아닐세. 풍부한 상상력, 뛰어난 감성, 소심한 생활을 뛰어넘는 탁월한 용기, 안락한 유혹을 극복하는 모험심만 가졌다면 스무 살 청춘보다 예순 살의 노인이 훨씬 더 청춘일 수 있다네… 세월만으로 늙지 않고 이상을 상실할 때 비로소 늙어가나니…"

이 시를 읽고 가슴 깊은 곳에 어떤 울림이 일어난다면 그대, 어떤 나이라도 새로운 꿈에 도전할 수 있는 사람일 것이다.

곤경에 빠진 사람들을
돕는 사람들

"박해받았던 100명 유대인들의 잊을 수 없는 생명의 은인" 예루살렘에 있는 오스카 쉰들러의 묘비명이다. 영화 〈쉰들러 리스트〉로도 유명한 그는 나치 독일의 사업가였다. 나치 당원으로 법랑 용기 만드는 공장을 하면서 그는 유대인들을 도왔다. 나치가 모든 유대인들을 악명 높은 아우슈비츠로 이송하기 시작하자 그는 자신의 고향에 군수공장을 세우고 돈을 써서 유대인들을 그쪽으로 빼돌렸다. 그 과정에서 그는 전 재산을 써서 1,200명의 유대인들을 사지에서 구했다.

그 당시 한 생존자의 이야기인 《마우스(Maus)》는 아트 슈피겔만이 홀로코스트에서 살아남은 그의 아버지의 실화 경험을 바탕으로 쓴 만화소설이다. 그는 이 책으로 퓰리처상을 받았다.

폴란드에 살며 공장을 하던 그의 아버지 블라덱 슈피겔만은 독일이

폴란드를 침공하자 징집되었다. 첫 전투에서 포로가 된 그는 여러 수용소를 거쳐 아우슈비츠에 가게 됐다.

포로수용소에서 뇌물을 써서 석방된 그는 다시 구금될 때 많은 액수의 돈을 금붙이로 바꾸어 몰래 몸에 지니고 수감됐다. 그는 수감 생활을 하면서 죽을 위기를 여러 번 겪었지만 그때마다 뇌물을 주고 위기를 모면했다. 패전한 독일군이 도망가고 미군에 의해 구출될 때까지 그는 감시병에게 금붙이를 주고 살아남았다. 이 실화는 20년 전 유럽에서 2차대전 중에 일어났던 일인데 지금도 비슷한 일이 일어나는 곳이 있으니 안타깝다. 그것도 우리 동족에게서 일어나고 있다는 사실이 슬프다.

지금 북한을 탈출한 사람들이 중국을 거쳐 제3국을 통해 한국에 오면서 겪는 위험한 모험들은 그때와 별반 다르지 않다. 우리가 편안히 생활하는 이 시간에도 어떤 사람들은 인간답게 살기 위해 목숨을 걸고 낯선 곳을 헤매고 있는 것이다. 그들 탈북자를 구하는 데는 돈이 필요한데, 돈을 모금해 그런 활동을 돕는 단체가 있다는 사실도 90년 전 유럽의 사정과 비슷한 것 같다. 우리 오렌지카운티에도 그들을 지원하는 모임이 있고 신문 화면을 통해 활발한 활동을 하고 있다는 소식을 들으니 고맙고 반갑다.

좋은 미래사회는 그냥 만들어지지 않는다. 누군가의 노력과 헌신, 희생이 있어야 만들어지는 것이다. 더 나은 사회를 만들기 위해 무엇인가를 해야 하는 삶이 가장 의미 있는 삶의 모습이 아닐까 싶다. 이제 편안히 지내도 될 나이임에도 곤경에 처한 사람들을 돕기 위해 노력하는 그분들의 모습에서 우리 사회의 밝은 미래를 본다.

독서
이야기들

　가끔 집 주변, 동네 길을 산책할 때가 있다. 깨끗하게 정리된 집 앞의 잔디를 보며 걷는 것이 나쁘지 않다. 집 앞 야드를 잔디로 꾸미고 집 뒤편에 큰 야드가 있는 것이 미국 집의 전통 양식이다. 집집마다 담이 없어 동네가 더 넓게 느껴진다. 한동안 캘리포니아의 극심한 가뭄 때문에 잔디에 물 주는 것을 제안하고 정부에서 보조금까지 주며 잔디를 대체 식물로 바꾸라고 권할 때, 인조 잔디를 깔거나 선인장 등으로 바꾼 집들이 있다. 더 다양한 모습으로 변화하여서, 동네 풍경을 보면서 걷는 재미도 더 늘었다.
　산책하다 조용한 동네, 어느 집 앞에 섰다. 인도와 가까운 잔디 위에 제법 크게 나무로 만든, 상자 같은 구조물이 받침대 위에 서 있었다. 하얀 페인트가 깨끗하게 칠해진 상자에는 검은 글씨로 제법 크게 "마을 대여 도서관"이라고 적혀 있었다. 밑에는 "누구나 가져가서 읽으세요." "읽은 후에 가져다 놓으세요" 등의 문구가 적혀 있었다. 대여자의 정보, 전화번호나 집 주소 등을 적는 어떤 카드도 없었다. 누구나 원하는 사람은 자유롭게 가져다 읽으라는 것이었다. 문을 열어 보았다. 50여 권의 다양한 책들이 2층 3칸으로 나누어 진열되어 있었다. 마음이 따뜻해지는 것 같았다. 동네 사람들이 이렇게 책을 나누어 읽는구나! 잘 정돈된 동네가 더 정답게 느껴졌다.

책을 읽는 사람들은 알고 있다. 책을 읽으면서 자신이 얼마나 변화하고 있는지를…. 책은 지금 여기에 살고 있는 나를 먼 과거로도 보내고, 어디든 가고 싶은 곳으로 데려다주기도 하고, 지금보다 더 나은 나를 만들 수 있게 도와주기도 한다.

세계가 디지털화되었지만, 전문가들은 독서는 컴퓨터, 태블릿, 휴대폰의 스크린으로 읽는 것보다 종이책으로 읽으라고 권한다. 종이책으로 읽는 독자가 구체적인 내용을 이해하는 수준이 더 높고, 깊이 읽으면서 사고하는 뇌가 활성화되어 어휘력, 집중력, 사고력 등이 더 향상된다는 것이다.

최근 월 스트리트 저널(WSJ)은 미국에서 로맨스 소설을 읽는 남성들이 늘고 있다고 보도했다. 운동선수들도 치열한 경쟁 때문에 겪는 스트레스를 가벼운 로맨스 소설을 읽으면서 풀고 있다는 것이다. 미국 출판계는 로맨스 소설을 읽는 독자의 30% 이상은 남성일 것이라고 본다고 한다. 여성 독자의 전유물로 여겨지던 이런 변화에 여성 필명으로 로맨스 소설을 발표하던 남성 작가들이 이제 본명을 사용하기 시작했다고 한다.

어떤 책이라도 읽기 시작하면 더 나은 책을 읽을 개연성이 그만큼 더 높아진다. 독서든 무엇이든 처음부터 어려운 것으로 시작하지 않는다. 약한 것부터 시작해서 점점 강한 것으로 접근해 가는 것이다. 미국 서점 협회에 따르면 미국의 동네 서점도 2020년부터 꾸준히 늘고 있다고 한다. 미국의 대표적인 서점 '반스 앤 노블'도 매년 조금씩 매출이 늘고 있다고 밝히고 올해 매장을 30개 더 늘린다고 한다.

조앤 롤링의 소설《해리 포터》시리즈가 한창 발간될 때, 뉴욕 맨해튼의 중요 서점 앞에는 학생들의 학부모들이 먼저 책을 구입하기 위해 서점 앞에 텐트까지 치며 밤새 기다리는 진풍경이 벌어졌었다. 전문가(교사협회 등)들은 이 열기가 학생들의 독서량 증가로 이어지기를 기대했으나, 그렇게 되지 않아 많이 실망했었다.

그러나 차가운 길거리에서 밤새워 기다릴 만큼 새롭게 전개될 스토리에 가졌던 강한 호기심 등은 어린 마음에 강하게 각인되어 언젠가는 새로운 책을 읽을 기회를 더 많이 가질 것이라는 것은 분명한 사실이다.

미국에서 일고 있는 독서 바람이 그대로 계속되어 미국인들을 변화시키는 운동으로 이어졌으면 좋겠다. 미국은 지금 건국 초기에 가졌던 청교도 정신이 점점 퇴색되어 여러 가지 문제점들이 노출되고 있는 것이 사실이다. 미국의 기독교가 유럽처럼 점점 힘을 잃고 있는 것 같다. 이럴 때 독서 운동이 사람들을 변화시키는 데 도움이 될 수 있을 것이다.

최근 소설《하얼빈》을 발간하여 묵직한 감동을 선사한 작가 이문열은 국민학교 졸업 후 제대로 된 학교 교육을 받지 못하고 검정고시로 대학에 입학하였다. 그나마 3학기만 다니고 학교를 그만두었다. 그는 대학에 입학할 때까지 대략 1만 권의 책을 읽었다고 한다. 이 독서가 그를 한국의 대표적인 작가가 될 수 있게 했다고 회상한다. 독서가 사람을 성공하게 하지는 않더라도 사람이 사람답게 살 수 있게 하는 데는 도움을 준다.

나의 책과의 인연은 중학교 때 시작되었다. 충남 서해 가까이에서 태어난 나는 국민학교 1학년 때 부친의 직장 때문에 부산으로 이주했다. 당시에는 흔치 않은 이주였다. 1950년대 후반 부산의 국민학생들은 서울말과 충청도 말을 구별하지 못했다. 서울 사람을 한 번도 본 적이 없기 때문이다. "서울내기 다마내기"라고 놀렸다. 내가 그래서 책을 읽기 시작했는지, 내게 책을 좋아하는 성품이 있었는지는 모르겠다. 당시 내가 다니던 중학교 앞에는 제법 큰 서점이 있었다. 책방 안쪽에서는 헌책을 대여해 주었는데 주인 아저씨가 내게 안 읽은 책이 있느냐고 물었을 정도로 많은 책을 읽었던 것 같다. 빅토르 위고의 《레 미제라블》, 알렉상드르 뒤마의 《몬테크리스토 백작》, 앙드레 지드의 《좁은 문》 등 닥치는 대로 다 읽었다. 가끔 만약 중학교 앞에 그 서점이 없었더라면 나는 책을 읽지 못했을 것이고, 독서하는 습관도 길러지지 않았을지도 모른다고 생각한다. 당시의 중학교는 독서를 그렇게 장려하지 않았다.

가을마다 독서 주간을 만들어 요란하게 현수막을 걸고 했지만, 그건 그냥 운동에 불과했다. 마음속에 싹이 자라고 있다고 해도 이것이 자랄 만한 환경이 되지 못하면 싹이 자라지 못하고 꺾일 것이다. 마음속에 싹트는 싹이 자랄 수 있게 하는 것이, 쉽게 책을 빌려볼 수 있는 도서관이 곳곳에 많이 있는 것이다.

한국에서 전직 대통령이 퇴임 후에 살고 있는 작은 시골 마을에서 서점 '평산 책방'을 내어 화제다. 그는 재임 시에도 꾸준히 독서를 해

왔다고 한다. 카터 전 대통령은 92세임에도 불구하고 안전모를 쓰고 그가 시작한 '사랑의 집짓기' 운동에 참여하고 있다. 이 집짓기 운동은 세계인들이, 열악한 환경에 살고 있는 사람들에게 관심을 갖게 만들었다.

책을 읽는 사람들은 미래에 대한 꿈을 꾸는 사람들이다. 그 전직 대통령은 양산의 작은 마을에서 시작한 책방이, 점점 마음이 가난해져 가는 사람들을 더 풍요롭게 만드는 세계적인 운동으로 만들어 갈 수 있으면, 하는 꿈을 꾸며 작은 서점을 만들었을 것 같다.

자녀 독서교육,
잘하고 있습니까?

좀 지난 얘기지만, 《LA 타임스》의 일요판에 재미있는 만화가 실려 있었다. 불과 4컷에 불과한 만화지만 작가가 전하고자 하는 의도는 분명했다.

중년 부부와 틴에이저 아들이 등장하는 만화의 첫 컷이다. 이집트에 여행 간 그들은 사막 속에 서 있는 피라미드를 보고 부부가 감탄을 하는데 아들은 기가 막힌다는 듯이 하품을 한다.

두 번째는 중국의 만리장성에 서서 끝없이 펼쳐지는 장성의 길이와 규모에 앞도 된다. 2,700년 전 북방 이민족의 침략에서 백성들을 보호하기 위해 이 장대한 성을 쌓아야 했던 한족들의 삶은 어떤 것이었을까를 생각한다. 아들은 무슨 미련한 생각이냐? 하는 듯이 빨리 가자고 재촉한다.

세 번째는 성능 좋은 천체 망원경으로 밤하늘에 반짝이는 수많은 별들을 본다. 어린 시절 꿈꾸었던 세상을 생각하며 회상에 젖는데 아들은 이제 짜증까지 내며 돌아선다.

마지막 컷은 반전된다. 첨단 과학관에서 다양한 새 기능이 내장되고 새롭게 디자인된 휴대폰을 들고 아들이 열광하며 테스트해 본다. 이제는 부부가 멀리 서서 물끄러미 바라본다.

한집에 살아도 부모와 자녀가 서로 다른 세계를 살고 있는 것 같은 현대의 많은 가정들을 보여주고 있는 것 같다.

역사적으로 철기의 발견, 산업혁명 등 인간의 삶을 크게 변화시킨 사건은 몇 번 있었다. 그러나 아날로그 세계가 디지털 세계로 바뀌는 지금의 변화는 그전의 어떤 사건보다 변화의 속도가 더 빠르고 폭이 크다. 부모세대가 자녀세대에게 가르쳐야 하는 교훈마저 전달할 수 없을지도 모른다는 두려움을 주는 변화이다.

삶의 양식은 변할 수 있어도 인간이 추구해야 하는 이상과 가치는 크게 변하지 않아야 된다는 것을 생각하면, 유사 이래로 계속되어 온 세대 간의 문화와 가치의 전달이 우리의 세대에서 잘못될 수도 있다는 생각이 우리를 걱정하게 만든다.

우리가 자녀세대에게 전하고자 하는 것을 바로 전할 수 있는 방법은 무엇일까? 그것은 바로 독서다.

인간은 누구나 꿈꾸는 세계가 있다. 이 꿈꾸는 세계가 바른 것이 되어야 하고 우리 자녀들이 꿈꾸는 세계도 바른 것이어야 한다. 꿈은 생각을 통하여 만들어지고 구체화된다.

생각은 독서를 통하여 놓아지고 깊어지고 넓어질 수 있다.

독서를 통하여 다양한 세계를 경험할 수 있다. 책은 부모가 경험하지 못하고 전해줄 수 없는 세계를 보여준다. 사람은 자기가 경험한 세계만 믿는 한계가 있지만 책은 더 많은 세계와 방법이 있다는 것을 알려준다.

디지털화한 세계는 많은 정보를 제공해 주지만, 왜 무엇을 해야 되는지를 말해주고, 어떤 사람이 되어야 하는지를 생각하게 해주는 것은 책이다. 이것이 우리가 자녀에게 적극적으로 독서를 권해야 하는 이유이다.

대학을 졸업하는 젊은이들에게

대학 졸업 시즌이다. 친팔레스타인 시위 여파로 일부 대학은 어수선한 분위기에서 졸업식이 진행돼 안타깝다. 많은 젊은이가 학교라는 특수한 사회에 있다가 이제는 보호막이 걷힌 거친 사회로 나온다. 초중고 과정부터 오랜 기간의 학업을 마치고 사회에 첫발을 내딛는 젊은이들은 최대한 큰 희망을 품고 새로운 각오를 다지는 것이 필요하다.

미국에서도 대학 졸업생들은 혜택을 받은 사람들이다. 부모를 비롯한 여러 사람의 도움이 있었기에 가능한 것이다. 혜택을 받았다는 것은 돌려주어야 할 것도 많다는 것을 의미한다. 우선 사회를 위해 의미 있는 일을 해야 한다는 책임의식을 가져야 한다. 그동안 도움을 받던 입장에서 이제는 사회의 책임 있는 구성원으로서 더 나은 사회를 만드는 일에 기여해야 한다. 스스로 원하는 삶을 만들어 가는 것도 필요하지만 본인이 속한 사회를 발전시키는 일도 중요하다.

사회는 첫발을 내딛는 젊은이들에게 그다지 따뜻하지도, 호의적이지도 않을 수 있다. 더는 학교처럼 실수를 해도 애정 어린 시선으로 감싸주지만은 않을 것이다.

이제 본인의 실수는 본인이 책임져야 할 때가 된 것이다.

더구나 한인 젊은이들은 소수계인 까닭에 사회에 첫발을 내디뎠을 때 힘든 상황에 부딪힐 수도 있다. 황량한 들판에 혼자 버려진 느낌 때문에 잠 못 이루는 밤을 맞게 될지도 모른다. 그러나 어떤 경우에도 자신감을 갖고 따뜻한 시선으로 주변을 바라볼 수 있어야 한다. 사회에서 만나게 될 사람들을 무조건 경쟁 대상으로 보기보다 대학을 졸업하는 젊은이들에게 함께 성장해야 할 이웃으로 볼 수 있는 여유를 가져야 한다. 그런 마음가짐을 갖기 위해서는 자신이 더 성장해야 한다. 꾸준한 독서 등을 통해 더 높고, 더 넓은 안목을 키우고 더 성숙한 삶의 자세를 가질 수 있도록 노력해야 한다.

자신이 세운 목표를 달성하는 것도 중요하다. 뚜렷한 목표를 세우고, 그 목표를 이루기 위해 노력하는 삶은 가치 있는 삶이다. 그러나 원하는 것을 성취한다고 해도 인간성을 상실하고 피폐해진 감성만 남은 상태가 된다면 그것은 성공적인 삶이라고 볼 수 없다.

따뜻한 마음, 청년기에 가졌던 순수한 마음을 잃지 않도록 노력해야 한다. 무엇을 하느냐도 중요하지만 어떻게 하느냐는 더 중요한 것이다.

직장과 사회에서 만나는 선배들에게 무엇이든지 배울 수 있는 자세와 지혜를 가져야 한다. 요즈음 젊은이들은 여러 가지 이유에서 나이 든 선배들을 무시하는 경향이 있는데 그것은 상당히 어리석은 생각이다. 선배들은 오랜 세월 시행착오를 거쳐 터득한 나름의 지혜를 가지고 있다. 사회에서는 학교와 달리 지식보다 지혜가 더 중요할 수 있다. 선배들의 지혜를 배우려는 마음가짐이 중요하다.

  젊은이에게는 현재 상황이 전부가 아니다. 희망찬 미래가 있기 때문이다. 당당하게 어깨를 펴고 사회를 향해 나가야 한다.

'사람 이야기'가
즐거운 사람들

　남가주는 비가 내릴 때도 오랫동안 살아왔던 뉴욕에서 느껴졌던 특유의 끈적함과 후텁지근함이 없어서 좋다. 많은 눈이 내린 뒤의 그 피곤함을 모르는 바 아닌데도 여기서는 먼 산 위의 하얀 눈을 바라보는 것도 그다지 나쁘지 않다. 차로 조금만 달려가면 볼 수 있는 푸른 바다, 숨 가쁘게 달려오는 파도, 사막 한가운데 서면 느껴지는 막연한 그리움들, 적당한 기온과 맑은 공기, 이런 것들이 남가주의 생활을 풍성하게 해준다.
　그러나 요즈음 내가 이곳 생활이 더 따뜻하고 다정하게 느끼는 것은 며칠 전 신문에서 읽은 미주 동포들이 지난 1년간 주로 읽은 책을 소개한 내용 때문이다.
　지난 한 해 한국에서 가장 많이 읽힌 책은 성공 스토리, 건강 관련

서적이었다고 한다. 이에 비해 미주 한인들이 많이 읽은 책은 법정스님의 책, 신경숙의 소설 등 사람의 삶을 얘기한 책들이었다. 언제부터인가 많이 팔린 책을 소개하는 글을 읽으면 그 내용의 삭막함에 실망하곤 했는데 이번은 달랐다. 내 주변의 많은 사람들이 사람 이야기를 읽고 있었던 것이다. 몇 달 전인가 영어 공부를 하던 학생이 요즈음 많이 읽히는 책이라며 신경숙의 《어디선가 나를 찾는 전화벨이 울리고》를 선물해 주었다. 그 소설을 읽으며 한동안 잊고 있었던 젊은 날의 나를 다시 만났다.

'나는 어떤 삶의 문제를 짊어지고 강을 건너려고 했을까. 지금 나는 무엇을 강 저편으로 옮기고 있을까'

소설은 오랜만에 나를 성찰하고 지난날의 꿈을 다시 생각하게 했다. 그리고 생활 속에서 일상적으로 만나는 사람들이 더 다정하게 느껴지고 좀 더 웃어주고 싶어졌다.

같이 있기만 해도 좋은 친구가 두셋만 있어도 삶이 외롭지 않다고 했는데 같은 책을 읽고 같은 책을 좋아하는 사람들이 이웃에 많이 있다는 것이 좋은 날씨보다도 더 마음을 따뜻하게 해준다.

사회를 밝게 하는 봉사단체들

라이온스 클럽은 1917년 창설되었다. 시카고의 비즈니스맨이었던 멜빈 존스는 지역사회를 위하여 봉사하고 더 좋은 사회로 변화시키기 위해 노력하는 모임이 필요하다고 생각했다. 그의 생각은 현재 202개국에서 130만 회원들이 다양한 봉사활동을 하는 모임으로 발전되었다.

우리 사회는 지금 두 가지 큰 변화를 겪고 있다.

'디지털 사회'와 '고령화 사회'로의 빠른 진입이 그것이다. 이 두 가지 변화 때문에 발생하는 문제는 서로 맞물려 있다. 새로운 사회로의 변화에 적응하지 못하는 노인 인구수가 점점 증가하게 된다는 것이다. 또 디지털 사회로의 갑작스러운 변화는 부모와 자녀 사이의 인식 차이도 너무 크게 벌려놓았다.

한국 노인 인구 중 사회와 자녀로부터 버림받았다고 생각하여 자살하는 비율이 OECD 국가 평균의 5배라고 한다. 한국이 이 두 가지가 가장 빠르게 변화하는 나라이고 또 변화에 적응하지 못하는 사람들이 많기 때문일 것이다.

다행히 미국은 국가가 어려운 사람들을 위하여 상당 부분 책임을 진다. 그러나 사회 변화에 적응하지 못하거나 언어 때문에 느끼게 되는 소외감, 또 평생을 자녀교육에 매달리느라 노후 대책을 세우지 못한 분들의 허탈감까지 국가가 도울 수는 없다. 이것이 멜빈 존스가 창립한 라이온스 클럽 같은 단체의 활동이 우리 사회에 절실히 필요한 이유다.

얼마 전 윌셔 호텔에서 LA다운타운 라이온스 클럽 28대 회장 취임식이 있었다. 이 자리에는 다른 많은 지역별 라이온스 클럽 대표들도 참석해 축하를 해주었다.

이처럼 LA한인 사회에도 여러 지역별 라이온스 클럽이 있고 많은 회원들이 다양한 활동을 하고 있는 것이다.

라이온스 클럽 회원들의 헌신적인 활동은 우리 사회를 더욱 건강하게 만드는 데 크게 일조할 것이다.

'사람 사는 도리'를
가르치자

수년 전 뉴욕의 《데일리 뉴스》에 재미있는 4컷 만화가 실렸었다.

초등학교 1~2학년쯤 되어 보이는 두 소녀가 방 안 낮은 책상 앞에 앉아 휴대폰으로 열심히 문자를 보내고 있었다. 방문 옆에 초등학교 5~6학년쯤 되어 보이는 소년이 서서 물끄러미 보고 있다가 물었다.

"뭘 하고 있어?"

"서로 얘기해"

"말로 하지 왜 문자로 하니?"

"이게 더 빨라"

마지막 컷에는 두 소녀가 냉장고에서 얼음을 꺼내 너무 아픈 엄지손가락을 찜질하고 있었다.

작가는 빠르게 변해가는 첨단 기기를 사용하는 젊은이들이 남는 시간을 적절한 일에 쓰지 못한다는 것을 말하며 부모들이 무엇인가를 해야 할 것을 암시하고 있는 것 같았다. 연전 MIT의 클라크 교수도 "지금처럼 부모세대가 자녀세대에게 교육을 제대로 하지 못하는 시대는 없었다"고 개탄했다.

이제까지 자녀들은 부모세대를 통하여 무엇을 해야 하고 어떻게 살아야 할 것인가를 배워왔다. 그러나 지금은 부모가 자녀들을 교훈하기가 쉽지 않은 시대다. 부모세대가 사용하던 것과 자녀가 사용하는 것이 너무 다르게 변했기 때문이다.

부모들은 새롭게 변해가는 것들을 다 이해하지 못한다. 그러기에 자녀에게 무엇을 들려줄 것이 없다고 생각할 수도 있다. 그렇지만 부모가 자녀들에게 가르칠 수 있는 것도 얼마든지 있다. 무엇을 어떻게 해야 하는지는 못 가르쳐도 무엇을 왜 해야 하는지는 절대 변하지 않기 때문이다.

사람에게는 살아가는 목적이 있고 꼭 해야 할 일들이 있다. 이런 것들은 세월이 흘러도 변하지 않는 것이어서 부모들이 가르칠 수 있다.

빠르게 변해가는 것에 아이들을 무조건 맡겨둘 수는 없다. '사람 사는 도리'는 다음 세대에 꼭 전해져야 한다. 부모세대가 그 일을 감당해야 한다.

책 읽는 사람이
세상을 바꾼다

 가을은 독서하기에 좋은 계절이다. 독서에 계절을 따질 일은 아니지만 가을은 우리에게 더 깊은 생각을 하게 하고 더 많은 책을 읽게 해준다.
 최근 재미있는 두 글을 읽었다. 재미 소설가가 서울을 다녀와 쓴 서울 지하철의 모습과 도쿄 특파원이 쓴 도쿄 지하철의 모습에 대한 글이었다.
 서울에서는 모두가 하나같이 고개를 숙이고 스마트폰에 열중하는 모습이었고 도쿄는 바쁜 출퇴근 시간임에도 서 있는 사람들까지 책을 읽는다는 것이었다. 한국인의 독서량을 말할 때는 1년 단위로 하고 일본인은 한 달 단위로 하는 것을 보면 그 상황을 짐작할 수 있겠다.
 책을 많이 읽으면 무엇이 달라질까. 지난번 일본 동북부 지진 참사

때 세계인들을 놀라게 했던 일본인들의 침착함과 시민 정신은 그들의 독서량과도 무관하지 않을 것 같다. 또 고등학교 때까지는 각 과목의 세계 경시대회에서 한국과 중국 학생들이 두각을 나타내지만 세계를 변화시키는 창조적인 업적을 이루는 사람은 미국인이 단연 많다. 이는 유치원 때부터 읽어야 할 책을 정해주고 많이 독서하고 자유롭게 생각하고 시도할 수 있도록 하는 미국의 학습 방법 때문일 것이다.

우리가 얻을 수 있는 수많은 정보를 선별하고 유용하게 사용하기 위해서는 사고력, 조직력, 창의력 등이 필요한데 이런 능력은 꾸준한 독서를 통해서 얻을 수 있다.

그러나 독서는 갑자기 잘되지는 않는다. 어려서부터 수준에 맞고 재미있는 책을 많이 읽게 해주면 독서하는 습관을 갖게 되고 독서를 좋아하게 된다. 특히 미국에서 좋은 학습 결과를 얻기 위해서는 많은 독서가 필수다.

LA의 가을은 길다. 책과 가까워지는 계절이 되었으면 좋겠다.

북한에 부는
변화의 바람

《LA타임스》는 3개 면에 걸친 기사와 사진을 게재하면서 북한에 작지만 도움이 될 만한 변화가 일어나고 있다고 전했다. 평양에 냉장고와 세탁기가 있는 고층 아파트가 속속 들어서고 서구화된 옷차림을 한 젊은이들이 휴대폰을 들고 걷는 광경이 이제는 자연스러운 모습이 됐다고 한다. 아직 생활고 때문에 힘없는 노인들이 길거리에 유기돼 굶어 죽기도 하고 옥수수밭 주인들은 한밤중 인근의 허기진 군인들의 탈취 행위를 막기 위해 24시간 지켜야 하는 일도 있지만 대체적으로 변화가 일어나고 있다고 했다. 또 북한 주민들은 경제 개혁을 이루지 못한 김정일에게 상당히 실망했었는데 이제는 외국에서 공부한 젊은 지도자에게 기대하고 있다고 했다.

《중앙일보》기자의 북한 체류기도 대체로 비슷했지만 외국인을 대하는 북한 주민들의 태도가 많이 변했다는 것을 알 수 있었다. 특히 전국적으로 200여 개 된다는 장마당 도그들에게 생활의 변화를 모색하려는 욕구를 일깨워 줄 것 같아 희망적으로 보였다.

평양 거리에서 단어장을 들고 영어 단어를 외우며 걷는 중학생 이야기도 정말 놀라웠다. 북한이 영어를 '세계어'라고 하며 가르친다는 것은 그들도 세계의 일원이 되고자 하는 의지가 강하다는 것으로 느껴졌다.

북한에 부는 변화의 바람이 허리케인 샌디 같은 거센 바람이 되어 북한을 크게 변화시키기를 기대해 본다.

제2의 인생을 펼치는 사람들

   토론토에 사는 K 씨와 P 씨는 지금까지와 전혀 다른 삶을 시작했다. K 씨는 오랫동안 샌드위치 가게를 2개 운영하며 애들을 키웠다. 자녀들이 졸업 후 직장을 얻어 자리를 잡자 K 씨 부부는 지난 삶을 돌아보기 시작했다.

   간간이 단기선교도 다녀오고 선교 단체에 후원금을 보내기도 했지만 자신들이 원하는 삶을 온전히 살아온 것은 아니었다. 이민 생활 적응과 자녀교육이 그리 만만치가 않아 원하는 삶은 대부분 포기해야 했었다.

   그들은 앞으로의 삶에 대해 진지하게 생각하기 시작했다. 마침 그때 캄보디아의 선교 단체에서 영어 교사를 찾는다는 소식을 들었다. 어려운 사람 돕기를 좋아했던 그들은 가게를 정리한 후 캄보디아에서 새로운 삶을 살기로 하고 캄보디아로 향했다.

　P 씨도 같은 경우다. 자녀들이 결혼을 하자 잘되던 세탁소를 정리한 후 청년 시절 살았던 아르헨티나로 갔다. 현지 선교사와 협력해서 어려운 현지인들을 돕는 삶을 살고 싶어서였다.

　이렇게 적지 않은 동포들이 자녀교육이 끝난 후 좀 더 일찍 은퇴를 해서 제2의 인생을 시작한다고 한다. 포기해야 했던 자신의 삶을 찾고 싶어서일 것이다.

　요즘은 80대도 건강한 시대가 되었다. 90세의 한 일본인은 62세 은퇴할 때까지는 누구보다 성공적인 삶을 살았는데 은퇴 후 30년은 계획 없이 허송세월했다며 뉘우쳤다고 한다. 우리도 이제 제2의 인생을 좀 더 치밀하게 계획해야 할 때가 되었다.

3부

길 위에서 배우며

매머드 레이크를
다녀와서

가끔 깊은 숲이 주는 기운과 위로를 가까이에서 느껴보고 싶을 때가 있다. 오랫동안 좋아하는 곳을 가지 못했다면 가보고 싶다는 생각이 더 진해진다. 그래서 매머드 레이크로 향했다. 매머드 레이크는 캘리포니아의 모노 카운티 매머드산(해발 3,370m) 아래에 있는 숲속의 도시다. 숲과 고즈넉한 분위기의 호수들, 폭포, 스키장들이 있다. 태고의 신비를 그대로 간직한 채 깊은 계곡이 쌓인 눈과 함께 생각을 심연으로 젖어들게 하는 곳이다.

395번 국도를 따라 북상하면 만나는 비숍은 단풍 구경을 위해 여러 번 다녀왔지만, 이곳은 들르지 못했었다. 이곳에는 캘리포니아에서 가장 크고 높은 스키장이 있어, 미국 국가대표팀이 훈련하는 곳이다. 숲과 어우러진 목조 호텔과 리조트들도 아름답다.

숙소에서 보이는 짙은 초록의 숲, 밤새 꺼지지 않은 큰 모닥불이 싸늘한 바람과 함께 겨울 정취를 흠뻑 느끼게 해주는 곳이었다. 《월든》의 저자 소로의 "모든 새로운 경험은 우리를 변화시킨다"는 말처럼 자연을 통해 자신을 변화시키고 싶다면 찾아가 볼 만한 곳이었다. 내려오는 길에 비숍을 지나 다시 인디펜던스라는 작은 마을을 조금 지나면 오른쪽에 만자나 사적지가 나온다. 표지판을 따라 들어가면 황량한 벌판에 방문자센터 등 몇 개의 건물이 덩그러니 서 있다. 표지판이 여기가 2차대전 때 캘리포니아에 살던 일본인들을 강제 수용했던 곳임을 알려준다. 지금은 사적지로 지정되어 있다.

일본인들은 1800년대 후반 하와이 농업 이민을 시작으로 1900년대 초에는 미국 전역에 흩어져 살았다.

그런데 1942년 일본군이 진주만을 기습 공격 하고 일본 잠수함이 캘리포니아 연안까지 와 포 사격을 가하자 미군은 일본군의 상륙에 대비해 방어선을 구축했다.

일본인들의 스파이 활동 등을 우려한 미국 정부는 10여 개의 수용소를 지어 이들을 강제 수용 하기로 결정한다.

그중 한 곳이 만자나 수용소다. 전국적으로 12만 명, 이곳에는 1만여 명이 수용됐다. 황량한 벌판에 세워진 막사에는 공용 화장실과 목욕 시설밖에 없었다.

여름 한낮에는 화씨 110도까지 오르고 겨울밤은 추운 사막 기후다. 그들은 포고령이 떨어진 후 며칠 만에 트렁크 2개와 포크, 스푼 등 개인 소지품만 들고 집을 떠나야 했다. 미국 시민권자인 2, 3세는 물론 미군에 복무 중이던 일본인 5,000명도 강제 수용 되었다.

넷플릭스에서 만든 영화 〈백악관 최후의 날〉을 봤다.

북한군 특수부대에 의해 일거에 백악관이 점령당하고 대통령이 인질이 되는 영화다. 괴한들은 우리말을 쓰고, 우리와 같은 얼굴을 하고 있었다. 등골이 오싹해졌다.

왜 이 흙먼지 날리는 벌판에서 이 영화 생각이 날까?

세계 2차대전으로 미국인은 수십만, 일본인은 수백만 명이 죽었다. 이런 두 나라가 지금은 가장 가까운 우방이 되어 서로 협력하고 있다. 개인이나 집단의 이익이 아니라, 인류의 보편적 가치를 지키기 위해서라면 지난 역사가 만든 어떤 매듭이라도 풀어야 한다.

그래야 역사가 선한 방향으로 발전한다.

비 온 후
푸른 하늘을 기다리며

　비슷한 세월을 살아온 네 친구가 여행을 떠나기로 마음을 모았다. 코로나19, 4차 유행이 시작되기 전이었다. 백신 2차 접종 후에는 마스크를 벗고, 일상으로 복귀하도록 권하던 때였다. 1년 반 가까이 갇혀 지내온 생활에서 벗어나고 싶어, 익숙한 그랜드캐니언 주변을 돌아볼 생각이었다.

　늦은 아침에 출발해 번갈아 운전을 하며 오후 늦게 윌리엄스에 도착했다. 윌리엄스는 그랜드캐니언으로 들어가는 관문이고, 미국인의 머릿속에 짙은 향수로 남아 있는 '루트 66'의 양옆으로 만들어진 작은 도시이다. 시카고에서 출발해 샌타모니카에서 끝나는 이 길은 미국 최초의 대륙 횡단 고속도로이다. 서부 개척 시대 동부에서 서부로 이동하던 개척자들이 사용하던 길이기도 하다. 도로 양옆의 모든 가게들이 'Route 66'이라는 로고를 상호에 사용하고 있어, 이 도시가 역사적인 도로를 기념해 세워졌다는 느낌이 강했다.

다음 날 천천히 아침 식사를 즐기고 그랜드캐니언으로 향했다. 서두를 것이 없는 여행이었다. 오랜 세월 자리를 지키고 있는 나무와 물과 협곡의 이야기를 듣고 싶어 떠난 여행이었다. 하늘이 파랗다. 금방 손에 잡힐 듯한 솜털 구름이 낮게 떠다닌다. 맑은 공기가 폐 깊숙이 들어와, 그동안 애썼다고 위로하는 것 같았다.

이스트림이나 사우스림은 수많은 사람들로 붐볐다.
모두의 얼굴에서 그동안의 답답한 생활에서 벗어났다는 안도감이 읽혀졌다.

장구한 세월의 비밀을 간직한, 그 긴 시간의 무게 때문에 더 황량해 보이는 협곡, 멀리 보이는 콜로라도강, 보아도 보아도 경이로운 풍경이다. 뷰 포인트를 나서는데 갑자기 주위가 회색으로 변하더니 비가 내리기 시작했다. 비는 곧 소나기로 변했다. 아무도 비를 예상하지 못했는지 우왕좌왕하더니 뛰기 시작했다. 그중에도 몇 명은 태연히 비를 맞고 걸었다. 서둘러 사우스림을 벗어나 작은 시내로 나와 식당을 찾았다. 간단한 점심을 먹고 나오자 하늘은 언제 그랬냐는 듯이 파랗게 개어 있었다. 갑자기 비를 내린 하늘이 다시 파란 하늘을 선사한 것이다.

우리의 삶에서 겪는 일들도 여행 중에 일어나는 일들과 비슷한 것 같다. 누가 우리의 평화로운 삶에 코로나19 같은 소나기가 닥칠 것이라고 예상했겠는가. 갑자기 닥쳤다. 팬데믹 상황은 모든 일상을 흔들었다.

자녀들 모두와의 한국 방문을 취소해야 했다. 설레는 마음으로 계획했던 지인과의 대륙횡단 계획도 접어야 했다. 세월은 빠르게 지나가는데 아쉬웠다. 반면에 얻은 것도 많다. 평소에 하고 싶었지만 이런저런 일로 미루어 왔던 공부를 할 수 있는 여유가 생겼다. 어느새 우리 곁에 와 있는 디지털 문화는 많은 것을 혼자서도 가능하게 해준다.

그동안 알고 싶었던 세계 역사를 다큐멘터리나 드라마를 통해 확인했던 것도 큰 수확이었다.
여행을 직접 가보지는 못해도 영상을 통해 더 다양한 곳을 구경할 수 있었다. 궁금하게 여기던 곳을 영상으로나마 확인해 보니 머릿속이 밝아지는 느낌이었다.

델타 변이 바이러스를 통한 4차 유행이 시작됐지만 이 또한 지나갈 것이다. 역사에서 얻을 수 있는 교훈이다. 지금은 걱정보다는 코로나 이후의 삶, 새로운 미래를 준비해야 할 것 같다.

데스밸리에서
서부 개척 시대를 생각하다

데스밸리는 LA에서 동쪽으로 300마일 거리에 있다. 데스밸리를 향해 15번 도로에서 127번 도로로 갈아타고 북쪽으로 가다 보면 매번 막막해진다. 양옆으로 펼쳐진 드넓은 사막, 멀리 보이는 구름 같은 산들의 무거운 기운이 어른거리는 것 같다. 데스밸리라는 이름이 함의하고 있는 것들 때문일까?

미국의 각 지역 풍경이 다 개성 있는 모습을 하고 있고 서로 다른 경이로움을 보여주지만 이곳은 들어서는 순간 긴 탄식이 나오게 한다. 신은 왜 이런 곳을 만들었을까? 서부 개척 시대에 더 나은 삶의 터전을 찾아 서쪽으로, 서쪽으로 이주하던 무리 중에 더 빨리 가기 위해 이곳으로 들어섰던 사람들이 겪어야 했던 절망적인 경험들이 곳곳에 스며들어 있는 것 같다. 이 척박한 땅에서 그들은 어떻게 견뎌냈을까?

당시 사람들의 삶을 들여다볼 수 있는 드라마가 있다. 넷플릭스가 7부작으로 제작한 〈그 땅에는 신이 없다〉이다. 1800년대 후반 뉴멕시코에 정착한 사람들과 서부로 이주하던 사람들의 이야기다.

프랭크 그리핀은 무법자 30명을 이끌고 약탈을 일삼는 악당이다. 그는 다른 악당들에게 가족이 몰살당하고 간신히 살아남은 어린 두 형제 중 동생 로이 구드를 아들처럼 데리고 다닌다. 구드는 서부 최고의 총잡이로 자라지만 계속되는 살인과 약탈 행위에 회의를 느끼기 시작한다.
결국 돈을 챙겨 일행을 떠난다. 그를 잡기 위해 혈안이 된 그리핀 일당은 그를 숨겨준 마을주민 전체를 몰살하는 잔인함을 보인다. 쫓기다 부상당한 구드는 탄광 매몰사고로 마을 남자는 다 죽고 여인들과 노약자 어린이만 남은 마을에 잠시 머무르게 된다. 이곳에서 구드는 악당들과 최후의 혈전을 벌이고 치열한 총격전 끝에 악당들을 물리친다. 그리고 가지고 있던 모든 돈을 자신을 돌봐준 마을 여인에게 준 구드가 어릴 때 헤어진 형이 있는 캘리포니아로 떠나는 것이 마지막 장면이다.

서부 개척 시대의 열악한 상황에서도 누군가는 사랑을 했고 이해와 양보도 피어났다. 교회를 세우고 영혼을 돌봐줄 목사를 기다리며 우정을 나누기도 한다. 무엇보다 희망을 가지고 미래를 꿈꾸는 사람들에 의해 거친 사회가 조금씩 변해갔다.

여기 데스밸리도 그랬을 것이다. 뉴멕시코보다 훨씬 더 혹독하고 절망적인 환경이었지만 서쪽을 막고 있는 높은 산들 너머 있을 태평양 바다를 꿈꾸는 사람들에 의해 새 길이 열렸을 것이다. 절망을 이기고 푸른 들로 가려 했던 그들의 꿈의 흔적들을 느껴보기 위해 지금도 많은 사람들이 이 척박한 땅을 방문한다.

어느 해 4월, 겨울이 지났다고 생각하고 데스밸리 캠핑장에 텐트를 쳤다. 한밤중에 부는 세찬 바람은 텐트를 곧 날려버릴 것 같았다. 바람이 그친 새벽녘에 밖으로 나갔다. 분명 어제저녁에 없던 텐트가 옆에 있었다. 잠시 후 잠을 설친 것 같은 50대 성인이 밖으로 나왔다.

그녀는 스위스에서 40일 휴가를 얻어 데스밸리를 돌아보고 있다고 했다. 그녀는 왜 아름다운 스위스를 떠나 이 메마른 땅을 찾았을까?

일상을 벗어나면 낯선 것이 보이고 낯선 것은 질문하고 사유하게 한다. 사유가 깊어지면 지혜를 얻게 된다. 이 지혜는 우리에게 닥친, 또 앞으로 닥칠지도 모를 역경을 이길 힘을 줄 것이다.

존 스타인벡 기념관에 가다

캘리포니아주 중부의 살리나스는 농업을 중심으로 발전해 온 도시다. 인구 약 15만 명의 작은 도시지만 '미국의 샐러드 보울(Americas Salad Bowl)'이란 별명을 가질 정도로 채소를 재배하는 농장이 많다. 캘리포니아주의 농업 생산량은 텍사스주의 2배 이상이다.

미국의 대표적인 작가 존 스타인벡(1902~1968)은 살리나스에서 태어나 자라고, 글을 썼다. 공무원인 아버지와 교사인 어머니의 영향으로 어려서부터 책을 많이 읽고 글쓰기를 좋아했다. 집 가까이에 있는 스탠퍼드 대학 영문학과에 입학했으나 경제 사정으로 중퇴하고 뉴욕으로 가 기자 생활을 했다(1925~1926). 기사에 주관적인 내용이 많이 포함된다는 이유로 2년 만에 해고된 후 다시 고향으로 돌아온다. 이곳에서 그는 여러 가지 일을 하며 본격적으로 글을 쓰기 시작했다.

살리나스에 있는 기념관에는 그의 삶과 작품 활동을 한눈에 볼 수 있도록 연보가 사진과 함께 전시되어 있다. 가장 눈에 잘 띄는 곳에 가장 큰 글씨로 "나는 내가 항상 숨을 쉬는 것처럼 글을 썼다"라고 적혀 있는 것을 보면 그가 얼마나 열심히 글을 쓰며 노력했는지 알 수 있다.

처음에는 몇 권의 작품을 발표했으나 크게 주목받지 못했다. 그는 1937년 《생쥐와 인간(Mice and Men)》을 발표하면서 인정받기 시작했다. 이 작품을 자신이 직접 시나리오 작업을 해 만든 영화로 희곡 비평가상까지 받았다.

그가 1939년에 발표한 《분노의 포도(The Grapes of Wrath)》는 첫해 50만 부가 팔리고 다음 해 퓰리처상까지 받으며 미국을 대표하는 소설가로 인정받기 시작했다.

그 후에도 여러 작품을 발표했으나 가장 잘 알려진 작품은 《에덴의 동쪽》이다. 1952년에 발표한 이 소설은 성서의 카인과 아벨의 이야기를 모티브로 해서, 살리나스를 배경으로 펼쳐지는 대서사시이다. 우리에게는 그의 소설로 만든 영화 〈에덴의 동쪽〉이 더 많이 알려져 있다. 무명이었던 제임스 딘은 이 영화로 세계적인 스타가 되기도 했다.

스타인벡은 1962년 노벨 문학상을 받으면서 세계적인 작가로 우뚝 섰다. 헤밍웨이에 비해 너무 과소 평가 되어 있다고 생각하는 평론가들이 많다는 사실은 그가 훌륭한 작가임을 입증한다. 살리나스시와

주민들은 그를 기념하기 위해 1998년 시내 가운데 '국립 존 스타인벡 기념관'을 개관했다. 그리 크지는 않지만 깨끗하게 잘 만들어진 기념관에 들어서면 오른쪽에 작은 극장이 있어 그의 일생을 조망해 볼 수 있는 영화가 상영된다. 영화를 본 후 왼쪽 방에 들어서면 그의 일생과 작품들을 설명하는 기록물들이 사진과 함께 잘 전시되어 있다. 전시물들은 이 위대한 작가를 우리의 기억 속에 생생하게 살아 숨 쉬게 해 준다.

살리나스는 LA에서 북쪽으로 300여 마일 거리에 있다. 생활에 변화를 주고 싶을 때, 새로운 생각을 하고 싶을 때, 외부로부터의 어떤 도움이 필요하다고 느껴질 때, 이 거장이 살았던 곳을 방문해 그의 숨결을 느끼며 자신의 소리를 들어보는 것도 방법이 될 것이다. LA에서 그리 멀지 않은 곳에서 스타인벡의 삶과 작품을 들여다볼 수 있는 것은 우리가 가질 수 있는 여러 가지 행복 중의 하나다.

멕시코 엔세나다
여행지에서

　누구나 혼자 낯선 곳에 가서 걷고 음식을 먹고 사람들과 얘기해 보고 싶은 꿈을 꾼다. 무엇인가 꿈꾸어 보지만 손에 잡히지 않고 그것이 멀리 있어 보여서일 것이다.

　(어떤 사람들은 용감하게 혼자 집을 나서 긴 여행을 떠나기도 하지만 대부분은 여러 가지 사정 때문에 생각에만 머물고 만다. 여행을 먼 곳에 가야 한다고 생각한다면 선뜻 나서기가 쉽지 않다. 혼자 하기 좋은 여행지를 가까운 곳에서 찾을 수 있다면 간단히 나서기 좋을 것이다. 멕시코의 엔세나다도 그런 곳 중의 하나다. 간단히 떠나 며칠 지내며 낯선 문화를 경험하고 자신을 성찰해 보는 것도 좋을 것이다)

　O.C에서 아침에 천천히 출발하면 점심 전에 도착한다. 생선 전문 식당에 들러 생선찜을 주문했다. 식당엔 '마리아치'가 테이블을 돌며 노래하고 있었다. 3인조였다. 곡당 5불. 조영남이 번안곡으로 불러 한국

에서도 유명해진 멕시코 민요 〈제비〉와 다른 민요 한 곡, 2곡을 청해 들었다. 음식도 좋고 노래도 꽤 잘했다.

마침 노동절이어서 거리에는 젊은이들로 넘쳐났다. 백팩을 메고 혼자 호텔을 나섰다. 먼저 시내에 있는 역사박물관을 찾았다. 그곳에는 이 지역에 살던 옛사람들의 숨결이 느껴진다. 작은 박물관에 들어서자 커다란 '매머드'가 서 있다. 이 지역에서 약 150만 년 전부터 8,000여 년 전까지 살았다고 설명되어 있다. 키가 4m까지 크고 몸무게가 10톤까지 나갔다. 그러니 그 이용을 짐작해 볼 수 있겠다. 다행히 초식동물이었다. 하루에 200kg을 먹었다고 한다. 지금의 코끼리와 관련이 있을 것으로 생각한다.

다음 방에는 1만여 년 전부터 이 지역에 살던 인디오들의 생활용품들이 전시되어 있었다. 이들은 겨울에는 해변에서 물고기를 잡으며 생활하고 여름에는 산악지대로 가 견과류의 일종인 'Pinion' 등을 수확하며 살았다. 서로 수확물을 교환하기도 하고 공동 행사도 했다. 이들의 후예는 지금도 있다. 스페인의 침략을 피해 산으로, 산으로 피해 다니다 지금은 주로 남부 산악지대에 산다. 그들은 큰 농장주들이 만든 집단 거주지 '깜보'라는 곳에 살며 농장에서 일하기도 한다. 피해 다니던 습성이 있어 낯선 사람이 가면 경계하고 피한다.

(몇 년째 이들을 위해 선교 봉사 하고 있는 어느 집사 부부와 동행한 작은 깜보는 거주하기에는 너무 열악했다. 정부로부터 철저히 외면당하고 있는 것 같았다. 집사 부부가 가지고 간 음식과 선물을 나누어 주며 오라고 불러도 오지 않고 멀리서 바라보던 여인의 눈에는 두려움과 경계의 빛이 역력했다. 부부는 주로 어린이들을 대상으로 음식과 선물을 주며 성경을 가르치고 음악을 가르쳤다. 어디에 가도 어린이들은 천진하고 잘 웃는다)

저녁 시간 바닷가에 있는 호텔의 바에 가서 창가에 앉아 와인 한잔으로 피로를 풀며 바다를 바라보았다. 어둠이 깔리기 시작한 바다, 멀리 수평선 가까이 배가 지나가고 있었다. 문득 한국 여행 중 남도 바닷가에서 만난 한 초로의 사내가 떠올랐다. 그는 미국 O.C에서 사는데 은퇴하고 수년째 1년의 반 이상을 해외 여행 하며 지낸다고 했다. 소주잔을 놓고 멀리 바다를 응시하던 그의 눈빛이 쓸쓸해 보였다. 가끔 내가 왜 이러고 있나 하는 생각이 들기도 하는데, 집에 가면 또 떠나게 된다며 조용히 웃던 그는 무얼 찾아 그렇게 집을 나서는 것일까?

그도 돈키호테처럼 "용감한 사람도 가기 두려워하는 곳에 가고 순수하고 정결한 것을 사랑하고, 잡을 수 없는 저 별을 잡으려고 손을 뻗는" 마음으로 여행하고 있을까?

사람은 누구나 조금은 "이루지 못할 꿈을 꾸고 쳐부수지 못할 적과 싸우고 견디지 못할 슬픔을 견디며" 살아간다.

계속하여 싸우고, 견디며, 꿈을 이루기 위해 노력하면서 한 걸음씩 앞으로 더 나아가는 것이다.

비숍 로스
철도 박물관에서

비숍은 시에라 네바다의 동쪽에 자리 잡은 작은 도시이다. LA에서 네바다 산맥의 동쪽으로 395번을 따라 북상하면 5시간 정도면 갈 수 있다. 가을 단풍으로 널리 알려졌지만 그 외에도 볼거리가 많은 매력적인 도시이다.

해발 9,200피트에 있는 사브리나 호수에서 내려오는 비숍크릭 주변에 퍼져 있는 아스펜의 단풍도 볼만하지만 이곳에는 100년 이상 된 유명한 베이커리 에릭샤츠를 비롯해 갤러리, 인디언 박물관, 철도 박물관 등이 있고 혼자 책 읽기에 좋은 호젓한 공원도 도심에 있다. 미국 본토에서 가장 높은 휘트니산 등 1만 피트 이상의 산들이 연이어 있는 시에라 네바다의 웅장한 산세를, 동쪽에서는 직접 가까이에서 느껴볼 수 있다.

로스 철도 박물관은 비숍 북동쪽 가까운 거리에 있다. 이곳에는 초기 정착민이 사용하던 철도뿐 아니라, 이곳에서 살던 인디언 파이우디-쇼쇼니족을 몰아내고 1800년대에 이 마을을 만든 북유럽 정착민들의 생활용품도 전시되어 있다. 박물관 초입에 길게 서 있는 증기기관차는 올라가 타볼 수도 있고 역사(驛舍)도 그대로 보존되어 있다. 역사에서 그들의 사진을 보며 그들이 이 불편한 기차를 타면서도 얼마나 기뻐했을까를 생각하니 역사를 오가며 흥분한 그들의 모습이 보이는 듯했다.

기차 양옆으로 당시 정착민들의 삶을 알 수 있는 여러 가지 전시물들이 있는 건물들이 늘어서 있다.

당시 학생들이 공부하던 교실을 그대로 재현해 놓은 곳도 있고 병원도 있다. 병원에 들어서자 왼쪽 방에 이발소가 있고 오른쪽에 진료소가 있다. 유럽에서는 처음 외과 수술을 이발소에서 시작하였다고 한다. 파스퇴르 이전에는 병이 들면 주술 등 잘못된 정보 때문에 몸속의 악마가 피를 나쁘게 해 병이 든 것으로 이해했다. 피가 필요한 사람에게 피를 빼는 현상도 있었다. 당연히 병보다 잘못된 치료 때문에 죽는 사람이 더 많았다고 한다. 우리가 이런 무지에서 벗어난 것이 그리 오래되지 않았다고 하니 새삼 우리가 사는 세상이 고마워졌다.

당시 서민들이 살던 좁은 침실과 목욕 시설은 이들의 삶이 얼마나 고달팠는지를 보여주었다. 총기를 판매하는 곳에는 당시 현상범을 수

배하는 포스터도 함께 전시되어 있었다. 유명한 형제 은행 강도는 현상금을 노린 추적꾼들을 피해 멕시코를 거쳐 멀리 아르헨티나의 파타고니아까지 도망가 살다가 잡혔다 하니 이들의 삶이 얼마나 거칠었을까 짐작되었다.

이렇게 한 시대를 풍미했던 이들도 이제 모두 이 땅을 떠났구나 생각하며 밖으로 나와 하늘을 봤다. 높고 파랬다. 고교 교과서에 있던 이양하의 《페이터의 산문》이 떠올랐다. 옛 로마의 황제이고 철학자였던 마르쿠스 아우렐리우스의 명상록을 월터 페이터가 다시 자신의 문체로 옮긴 글이다.

"모든 것을 어떻게 생각하는가는 네 마음에 달렸다. 행복한 생활이란 많은 물건에 의존하는 것이 아니라는 것을 항상 기억하라"

…참으로 지혜로운 마음을 가다듬은 사람은 저 인구에 회자하는 호머의 시구 하나로도 이 세상의 비애와 공포에서 자유로울 수 있을 것이다.

피닉스 여행에서 배운 삶의 지혜

삶의 지평과 사유의 세계를 넓혀주는 것 같아서 여행을 좋아한다. 미국을 여행할 때마다 느끼는 것은 늘 새로운 미국을 발견한다는 것이다.

최근 피닉스를 다녀왔다. 피닉스는 여행 중 여러 번 지나친 곳인데 이번에 애리조나 남서부 인디언들이 살았던 흔적들을 찾아보고 특히 푸에블로 인디언들이 거주했던 절벽 동굴을 둘러보았다.

가는 길, 10번 프리웨이에서 보이는 넓은 들에는 수백 대의 RV가 마을을 이루고 있는 곳이, 여기저기 보였다. 추운 지역에 거주하는 은퇴한 미국인들이 따뜻한 곳에서 겨울을 보내는 것이다. 미국인들이 은퇴 후 선호하는 삶 중의 하나라고 한다.

시집가는 날 등창 난다더니, 이번 여행은 연방정부가 셧다운되는 바람에 피닉스 동쪽 루스벨트 호수 주변에 있는 인디언 유적지가 문을 닫았다. 입장하는 데 어려움을 겪었으나 한 곳은 걸어 들어가서 볼 수 있었다. 그들은 호수 아래 강가에서 멀리 보이는 높은 절벽 중간에 굴을 파서 여러 개의 방을 만들어 살았다. 물 가까이에 살 수밖에 없었던 그들이, 홍수로 여러 사람들이 죽는 상황을 자주 겪으면서 어쩔 수 없이 선택한 방법이었다. 아메리칸 인디언들이 겪어야 했던 엄혹한 자연에 잠시 먹먹해졌다. 피닉스에 있는 하드 박물관에는 애리조나 남서부 인디언들의 생활 흔적과 작품들이 많이 전시되어 있었다. 그들이 사용했던 용기는 거칠고 투박했지만 지난해 한국 방문 중에 들렀던 온양온천의 민속박물관에서 본 것들과 용도 면에서 크게 다르지 않아 신기했다. 사람 사는 곳은 지역이나 시기에 상관없이 어디나 비슷하구나 하는 생각이 들었다. 인디언 유적지들을 둘러보며 잠시 생각했다. '당신의 모든 나뭇잎, 모든 돌들 틈에 감춰둔 교훈들을, 나 또한 배우게 하소서'라고 빌었던 수(Sioux)족 인디언들의 기도, 또한 온양온천 민속박물관에서 보았던 조선 중기 김굉필의 시도 같이 떠올랐다. "삿갓에 도롱이 입고 가랑비에 호미 메고 산천을 헤매다 녹음에 누우니 목동이 소와 양들 몰아 잠든 나를 깨운다"

자연에서 삶의 의미를 찾고 배우며 일상에서 잠시 떠나 여유와 평안을 찾았던 옛사람들의 지혜가 오늘 우리에게도 교훈이 될 수 있을 것 같다.

라스베이거스를 지나며

 나는 여행을 좋아한다. 취미 중의 하나도 지도를 검색하고 커다란 지도책으로 낯선 곳을 탐색하는 것이다. 여러 가지 방법으로 여행을 많이 해봤지만 RV 여행을 생각해 본 적은 없었다. 여행 중 가끔 휴게소에서 만나는 버스같이 큰 RV에 나이 든 부부들만 타는 것을 보고든, 심한 낭비 같다는 생각, 큰 차 운전에 대한 막연한 두려움 때문이었을 것이다.
 그런데 최근 순전히 친구의 권유로 RV 여행에 도전했다. 아르헨티나에서 사업을 하다가 은퇴한 후 RV를 구입해 자주 여행 다니는 친구가 찾아와 RV 여행의 경제성과 매력에 대해 설명하는 것을 듣고 동의를 한 것이다.
 친구와 함께 옐로스톤 7박 8일 여행을 계획하고 31피트 길이의 RV

를 빌려 장도에 올랐다. 15번 프리웨이 북동쪽으로 향하자 익숙한 모하비 사막의 파노라마가 광활하게 펼쳐진다. 멀리 넓게 펼쳐진 사막 특유의 고요와 정적을 뚫고 RV는 부지런히 달려간다. 한참을 달리자 데스밸리로 향하는 127번 도로가 나왔다. 데스밸리는 서부 개척 시절 황금을 찾아오던 수많은 사람들이 출구를 찾지 못해 헤매다 더위와 갈증으로 하얀 소금밭과 황량한 바위산과 모래구름에 꿈을 묻어야 했던 곳이다. 그곳은 젊은이보다는 나이 든 분들이 많이 찾는 곳이었다. 무엇을 추억한다는 것은 노인들의 몫이다. 젊은 시절은 추억하기보다 훗날을 위해 좋은 추억거리를 만들어야 할 때인 것이다.

어느새 차는 라스베이거스 한가운데를 가로질러 달린다. 좌우로 카지노와 쇼로 유명한 호텔들이 줄지어 서 있다. 현대판 황금을 찾는 사람들이 헤매는 '데스밸리' 같은 곳이 바로 이곳이다. 카지노를 찾는 사람들은 멀리서 카지노 불빛을 보는 순간부터 긴장과 흥분으로 가슴이 두근거린다고 한다. 슬롯머신에 앉을 때 느끼는 짜릿한 설렘과 기대감, 머지않아 찾아올 허망함과 허탈감, 저 깊은 나락으로 떨어지는 것 같은 절망감이 매일 교차하는 곳이 바로 저곳이다. 오늘도 얼마나 많은 기대와 설렘이 허망한 꿈이 되어 저 명멸하는 불빛 뒤에 나뒹굴고 있을까?

잠시 생각하는 사이 차는 카지노 빌딩 숲을 벗어나 버진리버캐니언을 만나며 애리조나주로 들어선다. 곧이어 길게 이어지는 까아지른 듯한 협곡을 지나 유타주. RV는 드디어 여행 첫날 밤을 지낼 목적지 자이언 RV파크로 들어섰다. (계속)

멋진 추억여행 만들기

　RV 여행 첫날 목적지인 자이언캐니언의 RV파크는 미리 예약하지 않았다. 구속감 없이 자유롭게 여행하고 싶어서였다. 대신 전화로 자리가 있다는 확인은 했다. 도착하니 오후 8시가 지났다. 계획보다 3시간이나 늦었다. 먼저 차를 세우고 차의 수평을 맞췄다. 그래야 편안하게 잘 수 있다. RV 파크엔 사이트마다 전기선과 수도 연결선, 오물 버리는 선이 있다. 남자들이 밖에서 일하는 동안 여자들은 차 안에서 식사 준비를 했다. 잘 차려진 차 안 식탁에서 늦은 저녁을 먹으며 지나온 여정과 내일의 일정에 대하여 이야기를 나누었다.

　3시간이나 늦게 도착한 사연이 있다. 출발 전, 냉장고가 제대로 작동하지 않는 것을 발견하고 다시 렌털 회사에 가서 2시간이나 걸려 수리를 했기 때문이다. 또 하나는 모하비 사막 휴게소에 들렀을 때 일행

중 한 명이 화장실에 휴대폰을 놓고 왔기 때문이다. 30분쯤 오다가 이 사실을 알았는데, 마침 휴대폰을 주운 사람에게서 전화가 왔기에 휴게소에 맡겨두라 부탁하고 오던 길을 되돌아가 찾아오느라 또 한 시간이 지체되었다. 아직도 미국은 정직한 사람들이 더 많은 사회다. 정직한 사회는 희망이 있다. 사람이 희망을 가지면 삶에 동력이 생기고 미래에 대한 꿈도 꿀 수가 있다. 그런 미국이 자랑스러웠다. 냉장고 가스선이 막힌 간단한 고장이었지만 잘못을 인정하고 차를 하루 더 사용할 수 있게 한 RV 회사나, 휴대폰을 주워 직원에게 맡겨준 사람의 친절은 여행을 더 기분 좋게 만들었다.

다음 날 유타주로 북상하면서 보이는 차창 밖 풍경은 완연한 가을색이었다. 드넓은 초원에선 소 떼가 한가로이 풀을 뜯고 멀리 호숫가엔 작은 마을이 정겹고 평화로웠다. 솔트레이크 근처에서 보는 하늘은 높고 깊었다. 만약 하늘로 향하는 길이 있다면 그대로 보일 것 같이 맑고 깨끗한 하늘이었다. 지구 태초의 모습도 저랬을 텐데 우리가 지구를 얼마나 오염시키고 있는지 미안하고 두려운 생각이 들었다.

솔트레이크시티 근처에서 하루를 묵은 뒤 북쪽으로 계속 달려 드디어 옐로스톤에 도착했다. 옐로스톤 일대엔 RV 파크만 30여 곳이 있다. 그중 한 곳에 자리를 잡았다. 커다란 침엽수가 가득한 숲속, 작은 호수가 있고 시냇물이 졸졸 소리 내이 흐르는 곳이었다. 이튿날 이른 아침, 하얗게 내린 서리를 밟으며 상쾌한 공기, 깊은 숲이 주는 기운을 만끽했다.

RV 여행으로 새롭고 멋진 추억 만들기에 한번 도전해 보시길 권해본다.

(참고: 6인승 RV를 빌릴 경우 4인 기준으로 승용차나 여행사 여행보다 훨씬 저렴하다. 또 RV는 차량 크기와 상관없이 9인승 이하는 보통 면허로 운전할 수 있다)

사진 작품이 주는 감동

혼자 여행을 떠날 때 좋아하는 시집 한 권이 옆에 있으면 외롭지 않다. 시인과 끊임없이 얘기하며 갈 수 있어서다. 좋은 글은 감동과 함께 책 읽는 즐거움을 준다. 좋은 글은 자신을 돌아보고 더 가치 있는 사람으로 살도록 노력하게 해주기도 한다. 그림 또한 어떤 사람들에게는 큰 기쁨을 선사한다. 르누아르는 오랜 세월 악성 류머티즘으로 큰 고통을 겪었다. 그러면서도 고통은 지나지만 아름다움은 영원하다며 붓을 놓지 않았다. 그는 숙기 얼마 선에도 〈목욕하는 여인들〉이라는 걸작을 남겨 많은 사람들에게 감동을 주었다. 우리는 다양한 것들을 좋아하고 즐기며 우리 삶을 아름답게 만들어 가고 있다. 사진도 그중 하나다. 사진이 기록을 넘어 작품으로 우리에게 나타난 것도 이제 꽤 오래되었다. 나는 사진에 대해 깊이 알지 못한다.

그래도 얼마 전 한·중·일과 미주 사진작가들이 LA에서 개최한 전시회에서 느낀 감동은 컸다. 이제까지 세상을 보던 여러 개의 창 외에 아주 큰 창을 하나 더 열어본 느낌이었다. 거기에는 다양한 자연의 모습들이 있었다. 자연을 창조한 신이 작가의 손을 빌려 자신의 작품을 아름답게, 때론 경이롭게 보여주는 것만 같았다. 사람들의 다양한 모습도 있고 사람들이 만든 문명 또한 작품이 되어 우리에서 무엇인가 얘기하고 있었다.

세찬 파도를 맞으며 새벽 물안개 속에 의연하게 서 있는 바위도 하나의 작품이 되어 있었다. 낯선 이국땅에서 온갖 풍상을 온몸으로 맞으며 살아왔던 초기 이주민의 강인한 삶도 거기 있었다. 사진 작품은 이제 여러 사람들에게 큰 감동을 주는 예술이 되어 우리 곁에 있다.

올해는 바다도 가보고 울창한 숲도 걸어보자

 한 남자가 퇴근길에 어린이 야구 시합이 벌어지고 있는 집 근처의 공원에 들렀다. 그는 한쪽 팀 1루 곁에 가서 스코어가 어떻게 되느냐고 물었다. 14 대 0으로 지고 있다며 씩~ 웃는 한 어린이에게 그가 말했다.
 "그런데 전혀 실망하는 것 같지 않은데?"
 어린이가 이상한 듯 쳐다보며 말했다.
 "왜 우리가 실망해야 하죠? 우리는 아직 공격을 시작도 하시 않았는데"
 같은 상황에 대해 어떤 사람은 절망하고 어떤 사람은 희망을 갖는다.
 희망이 저절로 생길 때만 기다린다면 우리는 일생 희망을 가질 일이 없을 것이다. 희망은 만들어 가야 한다.

청마의 해가 시작됐다. 매일 똑같은 날들이지만 새롭게 시작하는 날을 정해서 지난날을 성찰하고 앞날에 대한 희망적인 설계를 할 수 있는 기회를 갖는 것은 행운이다.

희망을 갖기 위해서는 마음에 늘 새로운 것을 공급해 주어야 한다. 많이 읽고, 많이 생각하고, 또 계속해서 희망적인 각오를 해야 한다. 그러기 위해 새해에는 가까운 바닷가에라도 나가보자. 세찬 파도를 보며 마음속으로 외쳐보자.

"나는 올해 이런 일들을 이룰 거야!"

숲이 울창한 산에도 가보자. 숲길을 걸으며 내면의 소리에 귀도 기울여 보자.

"내가 무엇을 하기를 원하는지, 무엇을 할 수 있는지를…"

LA에 사는
또 다른 즐거움

　LA 인근에 살면서 느끼는 좋은 점 중 하나는 다양한 볼거리들이 가까운 거리에 많다는 것이다. 세계적으로 손꼽히는 자연의 비경들이 가까이 있고 또 문명의 흔적을 경험할 수 있는 곳들도 많다.
　그중 게티센터와 게티빌라는 한인타운에서 가까운 거리에 있다. 2곳은 세계 최고의 부호였던 폴 게티가 30억 달러를 들여 세계적인 유물과 미술품을 사들여 소장하다 박물관 2곳을 지어 일반에게 무료로 공개하고 있는 곳이다. 샌타모니카 산정 750에이커에 위치한 웅장한 석조 건물의 게티센터는 건물 자체가 하나의 예술품이다. 세계적인 건축가가 주변 자연과 조화를 이루게 건축했으며 해변을 한눈에 볼 수 있는 경관도 훌륭하다.
　5개의 건물 내에는 각종 유물들과 미술품들이 전시돼 있다. 피카소,

모네, 르누와르, 고흐, 밀레 등 세계적인 화가들의 그림들이 소장돼 있다.

또 다른 전시 공간인 게티빌라는 게티센터에서 15분 거리이며 말리부의 산 중턱에 위치해 태평양을 내려다보고 있다. 서기 79년 베수비오산의 화산 폭발에 의해 묻혔다가 발굴된 헤라클레스에 있는 로마 저택을 그대로 본떠 건축한 박물관이다. 내부에는 이탈리아반도의 중부와 북부에 세워졌던 에트루리아와 그리스. 로마 시대의 유물들이 많이 전시되어 있다. 더욱이 이 박물관들은 모두 무료로 개방되기 때문에 부담 없이 즐길 수가 있다.

주말만 되면 어디를 갈 것인가로 고민하는 가정들이 많다. 이번 노동절 연휴에 게티센터와 게티빌라를 찾아 세계적인 인류 유산을 관람하는 것도 뜻깊은 일이 될 것이다. LA에 살면 천혜의 자연과 편리한 생활환경 등으로 많은 혜택을 받지만 가족들과 함께 게티센터와 빌라를 방문하면 LA에 사는 기쁨을 더 한 층 느낄 수 있을 것이다.

울돌목,
소녀상이 거기 있었다

다시 여행이 일상화되고 있다. 지난번 한국 방문 때 목포를 찾았었다. 서울서 KTX를 타고 2시간 30분이면 목포에 도착한다. 시에서 운행하는 일일 관광버스를 탔다. 유달산으로 간다. 산을 오르기 시작하니 커다란 이순신 동상이 서 있다.

유달산은 그리 높지는 않지만 산세가 가파르고 일대에서 가장 높다. 정상에서 가이드가 멀리 남동쪽의 바다를 가리켰다. "저곳이 명량해전이 있었던 울돌목입니다". 지금은 해남과 진도를 잇는 진도대교가 놓여 있었다. 저곳에서 그 기막힌 전투를 했었구나. 잠시 생각이 400여 년 전으로 돌아갔다.

울돌목은 남해안과 서해안을 연결하는 좁은 해협이다. 남해안 쪽 여러 섬 사이의 물이 울돌목을 통해 서해안으로 흐르는데, 좁은 해협이 물 높이의 차이를 만들어 빠르고 세찬 해류가 흐른다. 이순신은 이 좁고 거친 해류를 이용해 겨우 13척의 배로 333척이나 되는 왜군과 싸워 대승을 거둔 것이다. 이 전투에서 조선 수군의 사상자는 5명인데 비해 왜군의 피해는 격침 31척, 파손 후 도주 90여 척, 전사자 8,000여 명이었다. 이전 원균이 이끌었던 조선 수군은 같은 함대 300여 척을 가지고 거제도 칠천량해전에서 왜군에게 대패하여 배는 모두 침몰하고 겨우 12척이 도망갔다. 병사 수천 명이 전사하고 수군은 완전히 궤멸했다. 이때 권율의 휘하에서 백의종군하던 이순신이 조정으로부터 다시 3도 수군 총사령관으로 임명된다. 하지만 이름뿐이었다. 그는 호남지역을 돌며 군사들이 버리고 간 무기를 수습하고, 군량미를 모으며 병사들을 모집했다. 보성지역에서 200여 명의 젊은이가 자원한다.

조정으로부터 다시 명을 받는다. 수군을 포기하고 모집한 군사들과 같이 권율의 휘하로 들어가 육전에 참가하라는 것이었다. 그는 보성 관아에서 그 유명한 장계를 쓴다. "신에게는 아직 전선 12척이 남아 있습니다…" 바다에서 적을 막지 못하면 적은 한달음에 호남을 돌아 한강으로, 대동강으로 가게 된다고 강조했다. 이 싸움으로 원균이 빼앗겼던 제해권을 다시 찾고 왜군의 침략을 막을 수 있는 계기가 됐다.

끊임없는 조정 대신들의 모함과 선조의 견제로 백의종군해야 했던 그의 비통함과 그래도 나라를 지켜야 한다는 비장한 결기를 저 무심한 바다는 알고 있을 것이다.

나라와 백성을 생각하기보다 사익 추구에 몰두했던 대신들과 왕의 무능이 국난을 초래했던 역사에서 큰 교훈을 얻어야 할 때가 아닌가 싶다.

다시 마음이 유달산으로 돌아왔다. 가이드가 산기슭을 돌아내려 가다 흑갈색의 소녀상 앞에 섰다. 늦가을 스산한 바람에 낙엽이 날리고 있었다. 그늘진 곳에 있는 무표정한 소녀를 보는 순간 마음 저 안에서 알 수 없는 슬픔이 소리쳤다. 누가 저 소녀를 이렇게 외로운 곳에 세워두었을까? 나라가 약해서, 주위에 힘 있는 사람이 없어서 천 리 타향 낯선 곳에 끌려가 몹쓸 일을 당하다가 죽어서도 저렇게 외롭게 버려져 있구나. 깨끗한 추모관을 만들어 후손들에게 슬픈 역사가 더는 반복되지 않도록 교육할 수는 없을까?

지난 역사가 마음에 깊은 울림을 주는 하루였다.

존 스타인벡의
《분노의 포도》

  세계 1차대전 당시 미국 농업은 기계화되고 대형화되면서 유럽 수출로 호황을 누렸다. 전쟁이 끝나 유럽에서 농업이 재개되자 수출길이 막혀 미국 농업이 어려움을 겪게 된다. 설상가상으로 대공항 시기 중부지역에 몇 년간 연이은 자연재해가 일어나 농장이 황폐화되었다. 많은 농민들이 땅을 버리고 고향을 떠난다. 소문만 믿고 캘리포니아로. 스타인벡은 오클라호마까지 가 이주민들의 힘든 여정에 동행하면서 이 소설을 구상하고 썼다. (그는 고등학교 때부터 태어난 살리나스의 근처 농장에서 일하면서 여러 나라에서 온 이주 농업 노동자들을 많이 겪고 그들의 아프고 고달픈 실상을 직접 목격했었다) 그는 이 소설에서 당시 소작 농민들과 이주 노동자들의 실상을 너무 적나라하게 묘사해 그것을 불편하게 여긴 기득권층으로부터 철저하게 배척되었다. 퓰리처상을 받고 노벨상까지 받은 작품이지만 그의 고향 캘리포니아와 주인공 톰 조드가 살았던 오클라호마에서는 판매가 금지되었고 일부 주에서는 책이 불태워지기까지 하였다. 소설의 주인공 조드도 이 시기 전 가족과 케이시 목사와 함께 낡은 트럭을 타고 캘리포니아로 향한다. 미국의 첫 국도 66은 벌써 이주민들로 넘쳐났다. 이 여행이 얼마나 험난했던지 할머니, 할아버지는 여행 중 사망하고 형과 여동생의 남편은 일행을 떠나버린다. 우여곡절 끝에 캘리포니아에 도착했지만 그곳도 일거리가 충분한 희망의 땅은 아니었다. 판로가 막힌 채 과잉 생산 된 농작물들, 넘쳐나는 일꾼들, 노동자들의 임금을 깎고 또 깎는 불공정한 현실, 가격 유지를 위해 농작물을 강에 버리는 농장주들, 그것을 비호하는 세력가들, 어쩔 수 없이 그것을 쳐다봐야 하는 굶주린 노동자들의 눈에는 분노의 눈동자가 포도알처럼 커간다. 케이시 목사는 이 비참한 노동자들의 현실을 개선하기 위해 노동자들도 함께 큰소리를 내어야 한다며 노동운동에 뛰어든다. 와중에 케이시 목사가 맞아 죽자 조드가 노동운동에 뛰어들어 집을 떠난다. 가족들은 일거리를 찾아 옮겨 다니다 여동생 로즈가 사산하는 아픔을 겪는다. 어머니와 로즈가 그 지역에 닥친 홍수를 피해 언덕의 헛간으로 들어갔다가 굶주림으로 죽어가는 노동자와 아이를 만났다. 로즈가 어머니와 눈을 마주친 후 누워 있는 노동자의 머리를 안고 자신의 젖을 꺼내 물린다.

"드셔요. 드셔야 살아요"

코로나 사태 때문에 실시한 비상 경제정책의 후유증, 소련과 우크라이나의 전쟁 장기회가 세계 경제에 짙은 먹구름을 드리우고 있다. 유럽은 경험한 바 없는 혹독한 겨울을 예상하고 있고 아르헨티나 등 여러 나라에서는 물가 급등에 항의하는 시위가 일상화되어 있다. (경제가 취약한 나라들이 살인적인 물가로 고통받고 있는 것이다. 경제잡지 《포브스》도 세계 경제에 혹독한 겨울이 오고 있다고 경고하며 얼마나 길고 고통스러울지가 문제일 뿐이라고 지적한다) 한국도 이 격랑을 피해 가기 힘든 모양이다. 노인 복지 예산을 삭감하여 하루 11시간 일한 노인 일당이 겨우 1만 원 남짓이고, 폐지를 주워 생활하는 노인들은 점점 더 늘고 있다고 한다. 미국은 다행히 저소득층을 위한 식품 보조비를 상향조정 하는 등 소외 계층을 위한 정책을 계속 유지, 강화하고 있다. 경제가 비교적 탄탄한 두 나라의 취약 계층을 위한 정책 차이는, 지향하는 정책의 우선순위에 대한 정부의 입장 차이 때문인 것 같다.

스타인벡이 말하고 싶어 하는 것처럼, 우리 모두는 아픈 사람들이다. 서로 더 이해하고 더 아픈 사람을 안아줄 수 있는 마음의 여유를 갖는 것이 세계인과 스스로를 구원하는 것일 것이다.

**영어와
LA에서 사는
이야기들**

초판 1쇄 발행 2025. 1. 23.

지은이 최성규
펴낸이 김병호
펴낸곳 주식회사 바른북스

편집진행 김재영
디자인 이강선

등록 2019년 4월 3일 제2019-000040호
주소 서울시 성동구 연무장5길 9-16, 301호 (성수동2가, 블루스톤타워)
대표전화 070-7857-9719 | **경영지원** 02-3409-9719 | **팩스** 070-7610-9820

•바른북스는 여러분의 다양한 아이디어와 원고 투고를 설레는 마음으로 기다리고 있습니다.

이메일 barunbooks21@naver.com | **원고투고** barunbooks21@naver.com
홈페이지 www.barunbooks.com | **공식 블로그** blog.naver.com/barunbooks7
공식 포스트 post.naver.com/barunbooks7 | **페이스북** facebook.com/barunbooks7

ⓒ 최성규, 2025
ISBN 979-11-7263-947-1 03810

•파본이나 잘못된 책은 구입하신 곳에서 교환해드립니다.
•이 책은 저작권법에 따라 보호를 받는 저작물이므로 무단전재 및 복제를 금지하며,
이 책 내용의 전부 및 일부를 이용하려면 반드시 저작권자와 도서출판 바른북스의 서면동의를 받아야 합니다.